INV NTAIR
220

I0040418

FACULTÉ DE DROIT DE POITIERS.

DES SOCIÉTÉS

EN DROIT ROMAIN
ET PRINCIPALEMENT DE LEUR GESTION.

DE LA CESSION D'INTÉRÊT

DANS LES SOCIÉTÉS CIVILES ET COMMERCIALES.

DISSERTATIONS

PRÉSENTÉES

A LA FACULTÉ DE DROIT DE POITIERS

ET SOUTENUES

Le lundi 25 mai 1857, à 2 h. ½ du soir,

DANS LA SALLE DES ACTES PUBLICS DE LA FACULTÉ,

Par A.-F. Debouchaud,

AVOCAT,
Né à Nersac (Charente).

POITIERS,
IMPRIMERIE DE A. DUPRÉ,
RUE DE LA MAIRIE, 10.

1857.

1857

FACULTÉ DE DROIT DE POITIERS.

—o—

DES SOCIÉTÉS

EN DROIT ROMAIN
ET PRINCIPALEMENT DE LEUR GESTION.

DE LA CESSION D'INTÉRÊT

DANS LES SOCIÉTÉS CIVILES ET COMMERCIALES.

DISSERTATIONS

PRÉSENTÉES

A LA FACULTÉ DE DROIT DE POITIERS

ET SOUTENUES

Le lundi 25 mai 1857, à 2 h. ½ du soir,

DANS LA SALLE DES ACTES PUBLICS DE LA FACULTÉ,

Par A.-F. Debouchaud,

AVOCAT,

Né à Nersac (Charente).

POITIERS,

IMPRIMERIE DE A. DUPRÉ,

RUE DE LA MAIRIE, 10.

—

1857.

33220

COMMISSION :

PRÉSIDENT,   M. BOURBEAU.

SUFFRAGANTS,
{
M. FOUCART ✿,
M. FEY ✿,
M. LEPETIT,
M. MINIER,
}
Professeurs.

Suppléants.

—❖—

(C)

Vu par M. le président, BOURBEAU.

Vu par M. le doyen, FOUCART ✿.

Vu par M. le recteur, JUSTE ✿, v. g. de Rouen.

« Les visas exigés par les règlements sont une garantie des principes
» et des opinions relatives à la religion, à l'ordre public et aux bonnes
» mœurs (*Statut du 9 avril 1825, art.* 41), mais non des opinions
» purement juridiques, dont la responsabilité est laissée aux candidats.

» Le candidat répondra en outre aux questions qui lui seront faites
» sur les autres matières de l'enseignement. »

DROIT ROMAIN.

DES SOCIÉTÉS EN DROIT ROMAIN,

ET PRINCIPALEMENT DE LEUR GESTION.

Societas est voluntarium consortium. Telle est la définition
que Papinien a donnée de la société, et il faut convenir que,
si elle n'a pas d'autre mérite, elle a au moins celui de la
brièveté; peut-être pèche-t-elle par trop de généralité, en
n'indiquant qu'un seul des éléments du contrat de société,
la volonté, qui distingue la société de la communauté. Balde,
Paul de Castro, Azon, Speculator, Accurse, Cujas, ont donné
depuis d'autres définitions plus complètes; mais la plus parfaite paraît être celle de Felicius : *Societas est contractus qui
consensu, rebus, vel operibus, vel industriâ intervenientibus, ad
communem quæstum sive lucrum perficitur.* Ainsi le contrat de
société se formait par le seul consentement, sans qu'il fût besoin d'aucune solennité, d'aucune parole sacramentelle; il
était parfait dès que le concours des volontés avait lieu; et si
l'écriture intervenait quelquefois, ce n'était que pour procurer à chacun des associés un moyen de preuve, ce contrat
ayant été affranchi de bonne heure des formalités rigou-
reuses auxquelles les autres, à Rome, étaient en général
restés assujettis. Son usage fréquent, les avantages tout par-
ticuliers qu'il offrait aux parties contractantes (1), les appli-

---

(1) Les Romains ont bien connu les avantages que procure la
société; cela résulte de la novelle 102 de l'empereur Léon. Aussi
les sociétés étaient-elles nombreuses à Rome.

1

cations nombreuses dont sa nature le rendait susceptible, lui avaient mérité cette faveur.

Le contrat de société a pour but de mettre en commun entre tous les associés une universalité de biens ou un objet quelconque, l'argent, l'industrie ou le travail, dans le but de retirer de cette communauté volontaire un gain, un profit ou un avantage.

La société produit entre les associés des obligations réciproques qui doivent être appréciées *ex æquo et bono*, parce qu'elle est par excellence un contrat de bonne foi, et qu'une sorte de fraternité règne entre les associés. On ne trouve pas ici deux rôles différents, comme celui de vendeur et d'acheteur dans la vente; tous les membres de la société jouent le même rôle, et une seule et même action est donnée à chacun d'eux, l'action *pro socio*.

Il y a ceci de bien remarquable dans la société universelle, c'est qu'aussitôt le contrat formé, sans que la tradition soit nécessaire, la propriété et les droits réels qu'avait chaque associé deviennent communs : *In societate omnium bonorum, omnes res quæ coeuntium sunt continuo communicantur, quia, licet specialiter traditio non interveniat, tacita tamen creditur intervenire* (1).

C'est un de ces cas rares, peut-être le seul, dans lequel la loi romaine tenait assez de compte de l'intention des parties et de leur commun accord, pour permettre que le *dominium* pût être transféré sans l'accomplissement d'aucune formalité légale.

On distingue plusieurs sortes de sociétés, qui tirent leur nom de la nature ou de l'étendue des biens qui en font l'objet :

1° Société universelle de tous biens ;

2° Société universelle de tous gains ;

(1) Dig., 17, 2. *pro socio*.

3° Société formée pour une affaire déterminée ;

4° Société vectigalienne ;

5° Société dans laquelle un seul ou plusieurs objets déterminés sont mis en société.

Chacun est libre de contracter une société à telles conditions qu'il lui plaît, pourvu que ce ne soit pas une société léonine, dans laquelle tous les bénéfices appartiendraient à un seul, ou qu'il ne s'agisse pas de choses ou d'actes illicites ou immoraux: *Generaliter enim traditur rerum inhonestarum nullam esse societatem* (1).

Les associés fixent eux-mêmes leurs parts de gain et de perte dans la société ; quand ils n'ont rien stipulé, c'est la société de tous gains qui est censée avoir été contractée. *Si non fuerit distinctum, videtur coita esse universorum quæ ex quæstu veniunt* (2).

Avant de passer à l'examen des règles de l'administration des sociétés à Rome, il est nécessaire d'examiner une question dont la solution doit exercer la plus grande influence sur les rapports des associés entre eux et sur les droits des tiers.

On sait que la création de personnes abstraites n'était pas chose rare en droit romain; la famille, dont tous les membres venaient se fondre en une seule personnification, celle du père de famille, l'hérédité jacente, le fisc, les cités, constituaient autant de personnes morales ayant chacune une existence séparée de celle des individus qui la composaient, ce qui permettait de mieux distinguer les droits de la communauté des droits personnels et propres de ceux qui en faisaient partie, quand une opposition entre ces droits, venant à surgir, donnait naissance à une lutte judiciaire.

On se demande si les jurisconsultes romains avaient per-

(1) Ulpien, *pro socio*, loi 57.

(2) D. 17, 2, 7.

sonnifié dans un être moral, *corpus mysticum*, la réunion des associés, c'est-à-dire si le corps des associés pris dans son ensemble, en un mot, si la société, à Rome, jouait le rôle d'une personne civile ayant des droits et des obligations distincts des droits et des obligations des associés.

La question est importante, et nous en donnerons d'abord une raison : il résulte de ce que la société est une personne morale que chaque associé ne peut pas compenser avec ce qu'il doit personnellement à un débiteur de la société ce qui lui revient à lui-même dans la créance que la société a contre ce débiteur.

Chez nous, la question de savoir si les sociétés civiles forment une personne morale distincte de celle des associés est controversée.

Nous allons, par des textes empruntés aux jurisconsultes romains, et en nous appuyant sur l'opinion et l'autorité de quelques commentateurs modernes, essayer de prouver que les sociétés ont été considérées à Rome comme formant un corps moral, qui prenait naissance dès la formation de la société, et qui durait jusqu'à sa dissolution.

Florentinus, dans le titre *de mandatoribus et fidejussoribus*, s'exprime ainsi (1) : « Mortuo reo promittendi, et ante adi-
» tam hæreditatem fidejussor accipi potest ; quia hæreditas
» personæ vice fungitur sicuti municipium et decuria et
» *societas*. » Le jurisconsulte veut prouver que l'hérédité jacente joue le rôle d'une personne. Où va-t-il chercher un terme de comparaison? Dans la société. Godefroi met cette note sous cette loi : « Municipium, decuria, societas, licet
» pluribus personis constent, unius tamen personæ vicem
» sustinent. »

Quoi de plus concluant que ce texte annoté par un savant

(1) Dig., loi 22.

commentateur, dans lequel la société est certainement considérée comme un corps moral! On la met au même rang que
l'hérédité jacente, et l'hérédité jacente est une personne morale: « hæreditas enim non hæredis personam, sed defuncti
» sustinet (1). »

Cujas remarque avec raison, sur la loi 3, § 1, *de bonor. poss.*,
qu'un municipe, une décurie, une société, doivent être bien
plutôt considérés comme des personnes morales qu'une hérédité jacente, car celle-ci n'est pas capable de recevoir un
usufruit, tandis que les autres ont capacité pour cela.

Cette personne morale est surtout saillante dans les sociétés
qui ont un caractère presque public, comme les sociétés vectigaliennes, les sociétés pour la ferme des mines, des salines,
qui formaient des collèges. Je sais bien que l'on pourrait
argumenter de la loi 1, D. *quod cujuscumque univ.*, et prétendre que, pour qu'il y eût une personne morale, il fallait que
la société fût contractée avec la permission de l'empereur;
mais je ferai remarquer que cette loi ne saurait s'appliquer
aux sociétés particulières, industrielles, commerciales et
civiles, qui se pouvaient former sans aucune permission. Une
semblable autorisation n'était exigée que pour les associations puissantes qui auraient pu compromettre la sûreté ou
la prospérité de l'État par leur trop grande multiplication, et
qui, pour ces motifs, étaient soumises à une législation particulière, absolument comme nos établissements religieux
modernes sont régis par les ordonnances de 1817 et de 1825.

Le jurisconsulte Paul, dans la loi 65, *pro socio*, considère
évidemment la société comme un être distinct des associés,
et il la personnifie dans la caisse commune, tour à tour créancière et débitrice. Ce n'est pas chaque associé en particulier

_____

(1) D. 1º, l. 31. Ulp. 1er

qui est débiteur ou créancier *pro parte*, c'est la société qui est créancière ou débitrice du tout (1). « Si communis pecunia penes aliquem sociorum sit, et alicui sociorum quid absit, cum eo solo agendum penes quem ea pecunia sit. »

Il pouvait arriver certainement que, par la volonté des associés, il n'y eût pas de caisse commune, et partant, pas de personne morale qui représentât l'ensemble des associés; mais c'était l'exception, et les associés se trouvaient alors avoir formé une société que nous appellerions aujourd'hui société en participation. L'existence de la caisse commune et de la personne morale était la règle générale, et c'est ce qu'enseigne Cujas (2) : « Omnis societas habet arcam pecuniamque communem sicut omne collegium et omnis universitas. »

Ainsi, posons ce principe que la société, dès sa formation, possède les choses que les associés ont dû mettre en commun, et qu'à partir de ce moment chaque associé a perdu son droit de propriété sur les choses qu'il a apportées à la société.

Il résulte certainement de tous ces textes que les jurisconsultes romains ont considéré l'ensemble des associés comme formant un corps abstrait, ayant des droits et des obligations distincts des droits et des obligations des associés. L'existence de ce corps créé par la loi va nous donner la solution de certaines questions soulevées à propos de la gestion des sociétés, à laquelle nous passons maintenant.

DE LA GESTION DES SOCIÉTÉS EN DROIT ROMAIN.

Le but que l'on se propose en s'associant, c'est d'acquérir

---

(1) Favre, *rat. ad Pand.* sur la loi 63, *pro socio :* « Societas enim ipsa est quæ debet, et area communis quæ inter socios ficta cujusdam personæ vice fungitur. »

(2) Loi 82, *pro socio.*

des bénéfices; pour l'atteindre, la société doit agir. Il faut que les biens mis en commun soient administrés de la manière la plus avantageuse; mais comment une personne morale pourra-t-elle agir? L'action suppose un être qui pense et qui veut; les personnes juridiques, qui n'existent que fictivement, sont incapables de vouloir. Ici donc nous nous trouvons en face d'une impossibilité; la société, capable de posséder, est incapable d'acquérir, parce qu'il n'y a pas d'acquisition possible sans l'action. La société est capable de posséder comme les autres personnes juridiques, personne n'en a jamais douté; mais, comme elles aussi, elle est incapable d'acquérir par elle-même. Les cités, le fisc, l'hérédité jacente sont dans le même cas; il existe même des personnes réelles, comme les impubères et les fous, en qui se rencontre la même impossibilité parce qu'elles sont incapables de figurer dans les actes de la vie civile. La loi vient à leur aide par le secours de la représentation: l'impubère emprunte l'autorité de son tuteur; l'esclave, dans ses contrats, représente son maître; les associés représenteront la société. Dans ces différents cas, la même difficulté se présente; il est tout naturel que la loi y applique le même remède.

Ainsi, la société sera représentée par les associés; elle pourra l'être soit par tous ensemble, séparément ou concurremment, suivant les conventions, par un seul ou par quelques-uns d'entre eux auxquels les autres auront pour cela donné un mandat spécial.

La société pourra être également représentée par une personne étrangère, libre ou esclave, qui prendra le nom d'*institor* ou d'*exercitor*, suivant que la société aura pour but l'exploitation d'un commerce ou celle d'un navire.

Quand il s'agissait de l'exploitation d'une boutique, c'était ordinairement un esclave qu'on préposait à la gestion. C'est que, dans les premiers temps surtout, les Romains considéraient le commerce comme indigne d'eux; ils étaient éminemment guerriers et agriculteurs; ce qui le prouve, c'est que leur droit des gens leur interdisait toute espèce de relations commerciales avec les autres peuples (loi 5, § 22, *de captivis*).

Avec le temps, ces idées se modifièrent, si l'on en juge par ces paroles de Cicéron : « Mercatura autem, si tenuis est, » sordida putanda est; sin magna et copiosa, multa undique » apportans, multisque sine vanitate impartiens, non est » admodum vituperanda. » Mais malheur à qui commerçait avec les Romains! Déjà, du temps de Cicéron, nous savons comment Verrès entendait le commerce. Rome ne pouvait oublier son origine; ses proconsuls, ses publicains pillaient les provinces, et si ce qu'avance Valère Maxime, lib. 9, ch. 2, n° 3, est vrai, l'Asie était à plaindre : « Octoginta millia ci- » vium romanorum, in Asia, per urbes, negotiandi gratia, » dispersa. »

Mais revenons à notre sujet.

Dans le cas où, par une convention spéciale, les associés n'ont rien statué sur la gestion de la société, l'égalité qui doit régner entre eux exige que la gestion appartienne à tous, parce que le contrat de société contient forcément, dans ce cas, entre les associés, une sorte de mandat, d'autorisation tacite de gérer les uns pour les autres les biens de la société. Les risques étant communs, les bénéfices étant partagés, les soins diligents, le travail sont le tribut que chacun des associés doit aux autres.

Les rapports des associés entre eux, dans les trois cas que nous venons d'énumérer, leurs rapports avec les tiers sont fort compliqués et soulèvent des questions excessivement difficiles, qui exercent depuis longtemps la sagacité des jurisconsultes et des commentateurs. Grâce à leurs travaux, notre tâche sera facile.

DE LA GESTION CONFIEE A TOUS LES ASSOCIÉS.

Quand le contrat de société n'a rien statué sur l'administration, l'égalité qui règne entre tous les associés donne à chacun le droit d'administrer; la loi, dans ce cas, leur en fait même un devoir. Par suite des actes de leur administration, les associés peuvent se trouver tour à tour créanciers ou débiteurs de la société; et, comme ils ne doivent pas plus s'enrichir aux dépens de la société que celle-ci ne doit s'enrichir à leurs dépens, il faudra que la société les indemnise de toutes les avances qu'ils lui auront faites et de toutes les pertes dont elle sera la cause; de leur côté, les associés devront payer à la société tout ce dont ils se seront enrichis à son détriment, lui tenir compte de tous les dommages qu'ils lui auront causés par leur faute.

Nous allons examiner successivement :

1° Ce que les associés doivent à la société;

2° Ce que la société doit aux associés;

3° Quand et comment le fait des associés engage la société vis-à-vis des tiers.

Des obligations des associés vis-à-vis de la société.

Nous avons déjà dit que chaque associé est tenu d'administrer; mais on administre avec plus ou moins de soin; on peut, dans les actes de l'administration, commettre des fautes plus ou moins graves, des négligences plus ou moins coupables. Quelle sera donc la mesure de la responsabilité de l'associé? En admettant un associé et en lui abandonnant l'administration des affaires communes, on n'a pas dû espérer qu'il apporterait dans l'exercice de ses nouvelles fonctions d'administrateur plus de soin que dans ses propres affaires. La raison a donc fait décider que chaque associé est tenu d'administrer les affaires sociales avec autant de soin que les siennes propres. Il est garant vis-à-vis de la société, non-seulement de son dol, mais encore de ses fautes. Conformément au principe que nous avons énoncé tout d'abord, la faute ici ne se mesurera pas sur la diligence la plus exacte, mais sur la diligence ordinaire d'un bon père de famille.

Tout associé qui, par sa faute, nuit à la chose commune, doit donc réparer le dommage causé à la société (1). Prenons un exemple :

Si la société a été formée pour des achats, et que l'un des associés, par sa faute ou son dol, ait mis obstacle à ce qu'ils soient faits, il y aura lieu à l'action *pro socio*. (D. 52, § 2, *pro socio*). Il s'agit ici de tout obstacle mis de mauvaise foi pour entraver les achats: il pourrait arriver que l'associé eût de bonnes raisons pour s'opposer à certains achats, par exemple parce qu'ils lui paraîtraient de nature à procurer à la société des pertes plutôt que des bénéfices; nul doute alors qu'il n'encourrait aucune responsabilité par son opposition. Ce qui fait naître la responsabilité, c'est la mauvaise foi, la négligence trop grande. « Enim vero venit in hoc judicium bona fides. » (D. *p. soc.*, loi 52, § 1.)

Les accidents de force majeure ne sont pas de ceux dont les associés doivent être garants ; c'est pourquoi, si l'on a donné un troupeau estimé à faire paître, et qu'il ait péri dans un incendie ou ait été enlevé par des brigands, la perte est commune, à moins qu'elle n'ait été causée par la faute de celui qui avait reçu le troupeau avec estimation. Si le troupeau a été volé, comme il devait apporter à sa conservation les soins les plus diligents, celui qui le fait paître doit seul supporter la perte (2).

(1) D. 52, § 2, *pro socio*.
(2) D. loi 52, § 3, *pro socio*.

Wissembach, *de mandato et societate*, soutient que, dans ce cas, il n'y aura pas lieu à l'action *pro socio*, parce que, dit-il, il n'y a pas de véritable société. « Pecus pascendum ea lege datum est, ut solus fœtus communicetur. Non est vera societas, quia solidum rei datæ dominium retinetur ab eo qui dedit. Quasi societas appellatur in leg. *si merces*, 25, § 6, *locati*, ideoque hoc casu, pro socio negatur competere actio, sed præscriptis verbis datur. » Loi *si pascenda* 8, Cod. *de pactis.* « Est igitur contractus innominatus. » Cujas, 13, obs. 20, *in fine*.

Nous ne saurions admettre cette opinion en présence du texte si précis de la loi 52, *pro socio*. D'abord l'argument qui consiste à dire qu'il n'y a pas là véritablement de chose commune, parce que le maître du troupeau en retient la propriété, nous touche peu. La chose commune ici, ce n'est pas le troupeau, ce sont les fruits.

Cette société ressemble à celle qui a si longtemps occupé les commentateurs, et qui se forme quand l'un apporte de l'argent, et l'autre son industrie. On se demandait si, à la fin de la société, l'argent devait être partagé entre les associés, et si, en cas de perte de l'argent, chacun devait y contribuer pour sa part. Enfin a prévalu cette opinion : que l'argent reste la propriété de celui qui l'a apporté, et que lui seul en doit supporter la perte. Dans le système de Wissembach, il n'y aurait donc pas de chose commune là non plus; le contrat ainsi formé ne serait qu'un quasi-contrat de société.

Évidemment cela est inadmissible : le contrat ainsi formé donne naissance à une véritable société; dans l'un et l'autre cas, il y a une chose commune qui, dans l'espèce de la loi 52, est le croît du troupeau. Quand celui-ci ne prospère pas, le pasteur perd le fruit de ses labeurs; la perte du troupeau est à la charge du maître; mais il faut évidemment pour cela que le pasteur n'ait rien à se reprocher.

Dans ces différents cas, il y a société. C'est ce que nous enseigne Ulpien, loi 52, *pro socio* : « Et pro socio erit actio, si
» modo societatis contrahendæ causa pascenda data sunt,
» quamvis æstimata. »

Remarquons seulement la restriction qu'il met à cette décision : « si modo societatis contrahendæ causa. »

En effet, le contrat, intervenant entre le bailleur et le preneur du troupeau, pourrait tout aussi bien être un louage d'ouvrage qu'une société; le prix du louage serait une part du croît. Mais ce n'est pas dans les textes qu'Ulpien va chercher la raison de décider si c'est une société ou un louage d'ouvrage, c'est dans la commune intention des parties; de sorte que, dans son opinion, ou bien il y aura une société véritable qui donnera naissance à l'action *pro socio*, ou bien il n'y aura qu'un simple louage d'ouvrage, qui fera naître l'action *locati conducti*.

Revenons maintenant à la question des risques. On pourrait prétendre que l'estimation de la chose vaut vente, et qu'elle devrait avoir pour effet de mettre les risques au compte de celui qui a reçu la chose estimée. Mais Favre remarque avec raison que la vente a pour effet de faire transférer le *dominium;* que, dans ce cas, il n'en saurait être ainsi, puisque c'est le troupeau lui-même, la chose estimée qui doit être rendue ; par conséquent les risques ne sont pas à la charge de l'associé, toutes les fois que le troupeau périt sans sa faute (1).

Chaque associé est obligé de rendre compte à la société de toutes les opérations qu'il a traitées pour elle. A-t-il reçu de l'argent, il est obligé de le verser dans la caisse sociale, afin que la société puisse s'en servir avantageusement ou le placer à intérêts pour son propre compte. S'il le garde ou s'il est en retard pour faire le versement, il profite de la somme

(1) Favre, *ration. ad Pandectas*, sur la loi 52, *pro socio*.

qu'il garde et devient débiteur vis-à-vis de la société de la somme et des intérêts (1). Il pourrait aussi, par l'action *pro socio*, non-seulement être condamné à payer cette somme et les intérêts, mais encore des dommages-intérêts proportionnels au préjudice que son dol et sa négligence auront causé à la société.

Il peut arriver que l'associé, au lieu de verser dans la caisse commune les sommes qu'il doit à la société, indemnise chacun de ses associés pour sa part. Qu'arriverait-il si, après en avoir ainsi indemnisé un, il devenait tout à coup insolvable et ne pouvait indemniser les autres? Ceux-ci pourraient-ils s'adresser à celui qui a reçu sa part entière pour lui faire partager avec eux ce qu'il a reçu? Oui, car l'associé ruiné ne devait pas à ses coassociés, mais à la société. S'il eût versé les fonds dans la caisse sociale, chacun en aurait pris sa part; il faut que les associés soient remis dans la même position que si le versement eût été fait comme il devait l'être.

Ulpien, 63, lib. 3, *ad edictum*: « Si, cum tres socii essent, » egerit cum uno ex sociis socius, et partem suam integram » sit consecutus: deinde alius socius cum eodem agat, et » partem consequi integram non poterit, quia facere solidum » non potest. An hic qui minus consecutus est, cum eo agere » possit qui solidum accepit ad communicandas partes inter » eos, id est exæquandas: quasi iniquum sit, ex eadem so- » cietate, alium plus, alium minus consequi? Sed magis est, » ut pro socio actione consequi possit, ut utriusque portio » exæquetur, quæ sententia habet æquitatem. »

Des obligations de la société vis-à-vis des associés.

La société doit rembourser à chaque associé ce qu'il a dé-

(1) Loi 60, *pro socio*; Labéon, *ad edictum*.

pensé pour elle de bonne foi. S'il a été fait, par exemple, une dépense pour réparer un canal commun, on aura action contre la société pour recouvrer le montant des frais occasionnés par cette opération, parce que la société ne doit pas s'enrichir aux dépens des associés. « Item si in communem » rivum reficiendum impensa facta sit, pro socio esse actio-» nem ad recuperandum sumptum, Cassius ait (1). »

Quelques interprètes ont pensé que ce texte avait trait plutôt à la communauté accidentelle qu'à la société; mais Accurse et Favre après lui font remarquer qu'il se trouve placé dans le titre *pro socio*, et qu'il est naturel de penser que le jurisconsulte a eu en vue une communauté conventionnelle, parce que, toutes les fois qu'il s'agit de l'action *pro socio*, on doit supposer la préexistence de la société.

Mais, s'il est juste que la société tienne compte aux associés des dépenses qu'ils ont faites pour elle, on ne doit pas aller au delà et mettre à sa charge les dépenses folles ou exagérées qu'aurait faites en son nom l'un des associés. Ainsi, un associé fait un voyage pour la société dans le but d'acheter des marchandises; il ne répétera que ce qu'il aura dépensé pour la société, comme, par exemple, sa nourriture, celle de ses chevaux, les récompenses données aux manœuvres employés, valets d'auberge, le port des marchandises, de ses bagages et le prix des voitures dont il se sera servi pour lui-même (2).

La société doit à chaque associé non-seulement ce qu'il a payé, mais encore ce qu'il s'est obligé à payer pour elle, et dès que la dette contractée est actuellement exigible, il a action contre la société pour se faire rembourser. Il s'agit ici d'une dette contractée et exigible pendant la durée de la

(1) D. loi 52, § 12, pro socio.
(2) *Pro socio*, D. loi 52, § 15.

société; qu'arriverait-il donc si, la dette étant contractée sous condition, celle-ci ne se réalisait qu'après la dissolution de la société ? La dette devrait également être payée en commun par tous les associés; l'associé qui s'est engagé n'en a pas moins fait les affaires de la société (1). Mais, comme les associés ne devront payer qu'au moment où la condition se réalisera, l'associé débiteur pourra demander des cautions pour assurer le remboursement de ses avances.

Nous avons vu que les associés sont responsables vis-à-vis de la société de leur faute et de leur dol; par réciprocité, la société ne devra pas seulement rembourser à chaque associé ce qu'il aura dépensé pour elle, mais encore ce qu'il aura accidentellement perdu en faisant l'affaire commune. Voici une espèce dans laquelle les jurisconsultes étaient partagés : si un associé a été blessé en s'opposant à la fuite d'un esclave acheté pour la société, suivant Labéon, ce qu'il a dépensé pour sa guérison ne lui donne pas droit à une indemnité. Ici la société est bien la cause éloignée de la dépense, mais la dépense n'a pas été faite pour elle, elle n'en a pas profité. Julien, au contraire, soutenait que la société devait rendre à l'associé blessé ce qu'il avait payé aux médecins, et c'est cet avis qui a prévalu (2).

Nous avons cité déjà la loi 52, *pro socio*, § 3, et nous avons vu que les associés n'étaient pas responsables vis-à-vis de la société des cas de force majeure, que les pertes qu'ils pouvaient éprouver alors tombaient à la charge de la société. Nous en trouvons une autre preuve dans le paragraphe 4 de la même loi. Voici l'espèce : plusieurs citoyens se sont associés pour fournir l'habillement aux armées (des sociétés de ce genre se constituaient souvent) ; l'un d'eux se met en voyage

(1) Loi 27, D. *pro socio*.
(2) D. 61, *pro socio*.

pour acheter des marchandises nécessaires à la société ; il tombe dans la main des voleurs et perd son argent ; ses esclaves sont blessés, ses effets lui sont enlevés. Suivant Julien, la totalité de cette perte est à la charge de la société ; elle doit lui rembourser la valeur des esclaves, les sommes qu'il avait emportées avec lui pour les affaires de la société, la valeur des effets qui lui ont été enlevés. Mais la société ne lui doit compte que de l'argent, des esclaves, des effets qui lui étaient strictement nécessaires ; de sorte que, s'il eût emporté avec lui des sommes trop considérables, la perte de ce qu'il aurait pris de trop serait à sa charge ; car l'associé, pour avoir droit à une indemnité, doit être exempt de faute. Loi 203, *de reg. juris.*

Ainsi, en règle générale, de même que les associés doivent rendre à la société toutes les sommes dont ils se sont enrichis à ses dépens, et l'indemniser du préjudice qu'ils lui ont occasionné par dol ou par faute, de même aussi la société doit rembourser à chaque associé tout ce qu'il a payé ou s'est obligé de payer pour elle, ainsi que les pertes qu'il a éprouvées accidentellement en faisant les affaires de la société.

Quand et comment le fait de l'associé donne à la société action contre les tiers.

S'il est un principe saillant dans le droit romain, c'est que nul ne peut se faire représenter par un autre dans les actes juridiques ; chacun doit agir pour soi-même, du moins dans le principe, car le temps apporte à cette règle des exceptions tellement nombreuses, que la règle même disparaît. On admet de bonne heure, en effet, que certains contrats, surtout ceux du droit des gens, pouvaient se faire par procureur. Le procureur ne représente pas cependant la personne pour laquelle il agit ; c'est en son propre nom qu'il traite, c'est à lui que le droit actif ou passif est acquis. C'est à ce mandataire seul que les tiers auront affaire ; mais celui-ci pourra agir contre le mandant pour se faire indemniser des obligations qu'il aura contractées ainsi pour autrui (1). On obtient ainsi indirectement, pour des actions de comptes réciproques, ce que le droit ne permettait pas de faire directement. Nous avons vu l'application de ce principe dans l'obligation dont est tenue la société d'indemniser l'associé de tout ce qu'il aura dépensé pour elle ; de son côté, le mandant exercera une action contre le mandataire pour se faire céder les droits et actions que celui-ci aura acquis (2).

Nous verrons plus bas que ce circuit d'actions, que rendaient nécessaire les principes généraux du droit romain en matière d'obligations, disparut lui-même à la fin, et qu'au moyen des actions utiles les tiers et le mandant purent être mis directement en présence.

S'il faut apporter quelques exemples à l'appui de cette théorie, j'invoquerai d'abord l'autorité du jurisconsulte espagnol Alphonse de Olea (3) ; il se demande si, par le contrat de notre mandataire ou *institor*, nous acquérons une action directe contre les tiers, sans qu'aucune cession soit nécessaire : « Ex contractu procuratoris vel institoris nostri, an » nobis competat actio sine cessione? » Voici comment il résout cette question en remontant aux principes généraux que nous avons déjà établis ci-dessus : Les stipulations et les contrats, dit-il, ont pour but de procurer un bénéfice à celui seulement qui stipule et contracte ; de là cette conséquence que chacun doit stipuler pour soi-même. Ces principes s'appliquent même aux stipulations et contrats faits par procu-

(1) Loi 45 pr. et § 1 à 5, *mandati*.
(2) Loi 10, § 6, et loi 13, *mandati*.
(3) T. 1er, *De cessione jurium et actionum*.

2

reur, en sorte que, si le procureur a stipulé en son propre nom, il ne résulte de cette stipulation aucune action directe au profit du mandant; que, s'il avait stipulé au nom du mandant, il n'y aurait d'action ni pour l'un ni pour l'autre.

Mais si, les rôles étant intervertis, l'engagement est pris envers le procureur lui-même pour le bénéfice du mandant, quoique, dans ce cas, le mandant n'ait droit ni à une action directe, ni à une action utile, il n'est pas moins vrai qu'une action est acquise au mandataire, qui peut être forcé de la céder. L'associé qui gère n'est qu'un mandataire, et ces principes lui sont applicables.

Ainsi, en règle générale, point d'acquisition d'action contre les tiers au profit du mandant, s'il n'y a cession.

Cependant, dans certains cas, nous acquérons une action utile par le contrat de notre mandataire, *institor* ou gérant d'affaires, sans qu'il soit besoin d'aucune cession :

1° Quand le *procurator* ou *institor* est absent ou mort, et que le mandant ne peut poursuivre son droit par aucun autre moyen (1).

2° Une action utile naît encore au profit du mandant, quand ce qui a fait l'objet de la stipulation faite par le procureur était une chose appartenant au mandant : « Quod procurator » ex re domini, mandato non refragante, stipulatur, invito » procuratore, dominus petere potest (2).

Par application de ces principes, on doit décider que, toutes les fois qu'un associé, mandataire tacite de la société, a stipulé de la chose de la société, une action utile naît au profit de celle-ci sans qu'aucune cession soit nécessaire.

Mais la jurisprudence romaine, s'écartant de plus en plus du droit strict, modifiée qu'elle était par le droit prétorien, en

---

(1) Loi 2, D. *de institoria.* — Voir aussi Donneau, lib. XII, cap. XVII.

(2) *De procuratoribus*, D. loi 13.

était arrivée à donner dans tous les cas au mandant lui-même, sous la qualification d'actions utiles, les actions nées dans la personne du mandataire. Cela est indubitable pour le cas de mandat spécial (1). Quant au mandat général, il semble que l'action directe utile ait été accordée plus difficilement au mandant (2), et seulement par recours extraordinaire, lorsqu'il y avait pour lui péril en la demeure : *si modo rem suam aliter sercare non potest.*

Alphonse de Olea, que nous venons de citer, avait probablement en vue le mandat général, sans quoi on pourrait l'accuser de donner trop de restriction à l'action utile.

Enfin nous voyons même que, les tiers se trouvant ainsi placés entre deux actions, l'action directe du mandataire et l'action utile du mandant, la jurisprudence admit de préférence cette dernière action, et accorda au mandant une exception pour repousser le procureur qui, contre son intention, avait pris les devants pour opérer l'action.

QUAND ET COMMENT, PAR LE FAIT DES ASSOCIÉS, LES TIERS ONT ACTION CONTRE LA SOCIÉTÉ.

Nous avons établi précédemment l'existence de la société considérée comme corps moral ; nous avons prouvé que cette personne, créée par la loi, a une existence propre, des droits distincts de ceux des associés ; elle joue donc ici le rôle de mandant. Nous avons à développer maintenant une thèse parallèle à celle que nous avons traitée dans le chapitre précédent.

Le droit romain primitif n'admettait pas que le mandataire pût engager le mandant, et ce n'était que par des actions de comptes réciproques que l'on était parvenu à représenter

(1) D. 19, 1, 13, § 25, *de act. empti et vendiit.*
(2) D. 14, 3, 1 et 2, *de institoria.*—D. 14, 3, 1, 2, *de exercitoria.*

une personne par une autre. La jurisprudence, dans sa marche progressive, avait fait accorder une action utile au mandant contre les tiers qui avaient traité avec le mandataire; par une juste réciprocité, on accorda aux tiers contre le mandant (dans notre espèce, le mandant c'est la société), sous la qualification d'utiles, les actions qu'ils devaient exercer contre le mandataire, par exemple la *conditio utilis*, s'il s'agit de *mutuum* et de stipulations, l'action *utilis empti et venditi* (1), s'il s'agit de vente ou d'achat.

Ainsi, toutes les fois que les associés auront agi au nom de la société, pour ses affaires, en qualité de mandataires, une action directe sera acquise contre eux, et une action utile contre la société.

Les associés n'engagent donc pas la société quand ils traitent en leur nom personnel.

« Possit unus ex sociis mutuam pecuniam accepisse, et
» cum quæreretur, an ex ea causa alter socius obligatus esset,
  respondit Papinianus, non esse obligatum eo nomine al-
» terum socium, nisi pecunia versa sit in rem et in arcam
» communem (2). » La rédaction de cette loi peut jeter quelque doute dans l'esprit, et l'on pourrait croire tout d'abord qu'elle exprime le contraire de ce que nous avançons, puisque, dans le cas même où l'associé aurait traité en son nom personnel, il semblerait que l'autre associé serait aussi obligé, pourvu que l'argent emprunté eût été versé dans la caisse commune. Ce qu'a voulu dire Papinien, c'est que, par le versement de l'argent, l'autre associé, ou, si l'on veut, la société est obligée envers celui des associés qui a fait le versement. La société est obligée parce qu'elle doit restituer à chaque associé tout ce qu'il a payé ou s'est obligé de payer

(1) D. 3, 5, 31, pr.—D. 14, 3, 16 et 19; – 17, 1, 10, 5, *mand.*
(2) D. loi 82, *pro socio.*

pour elle. Mais il n'est nullement question des tiers dans cette loi, et j'emprunterai au besoin l'autorité et la science de Cujas pour le prouver.

« Quod non ita est accipiendum, ut dicit Papinianus, al-
» terum socium eo nomine creditori, qui mutuam pecuniam
» dedit alteri, socio non obligari aliter quam si pecuniæ
» versæ sint in rem et in aream communem. Neque enim
» hoc sentit Papinianus, quia etiamsi pecunia, quam socius
» mutuam accepit, versa sit in aream communem, alter so-
» cius eo nomine creditori non obligatur, cum quo nihil
» contraxit. Sicut cum quis alius mutuam pecuniam sumsit,
» et eam mox vertit in rem meam, ego creditori non teneor
» condictione, quæ de mutuo dato proponitur, vel qua aliã
» actione. Non quærimus enim in credita pecunia, ad quem
» ex pecunia pervenerit, sed quis eam mutuam rogavit,
» quis contraxerit, ut hic solus obligetur (1). »

Cette décision n'a rien que de juste. Puisque la société a une existence propre, il ne faut pas confondre ses affaires avec les affaires privées de chaque associé; elle ne saurait, sans injustice, être rendue responsable des engagements qu'ils contractent dans leur intérêt particulier. Chaque associé joue deux rôles bien distincts : son rôle à lui d'abord, puis le rôle d'associé. Les tiers avec qui il traite doivent savoir en quelle qualité il agit. Mais, quand il n'annonce pas qu'il traite au nom de la société, aucune présomption n'est établie en faveur des tiers pour décider qu'il a traité au nom de la société. Qu'importe aux tiers que l'argent ait été versé dans la caisse commune? ils n'ont compté que sur la solvabilité personnelle de l'emprunteur, ils ont suivi sa foi, sans s'informer de l'emploi qu'il donnerait à l'argent.

(1) Cujas, vol 4, col. 872. Cod. loi *eum qui*, *si certum petatur.* —
Seneca 5, *de Benef.*: « Pecunia ab eo petitur cui credita est, quamvis
» illa ad me aliquo modo pervenerit. »

L'associé contractant et l'associé qui ne contracte pas s'obligent entre eux par la nature de la société, toutes les fois que la société profite directement de l'obligation. Mais le créancier de la société n'a pas traité en vue de la société; la société ne lui doit rien, car elle ne s'est pas enrichie à ses dépens. Ce créancier ne sera pas cependant dépourvu de tout moyen d'action, et s'il ne peut actionner directement la société, il pourra du moins, toutes les fois que la société sera obligée vis-à-vis de son débiteur, l'atteindre indirectement par l'action oblique : « Sed societas per obliquum tenetur, » quia socius qui non contraxerit est obligatus socio, et per » consequens per obliquum est obligatus creditori. » — Félicius, ch. 30, n° 5, *de Societate.*

Voet ne s'explique pas moins clairement; il refuse lui aussi au tiers créancier une action directe contre la société dans ce cas : « Sed si sociorum unus, non societatis sed proprio no- » mine contraxerit, socios reliquos ne ab initio quidem » in solidum, aut ulla ex parte obligatos reddit. » Et il cite pour appuyer cette proposition la loi 67, § 1, *pro socio.*

Veut-on encore une autre autorité dans le même sens? qu'on lise le commentaire du président Favre, *Ration. ad Pand.*, lib. 4, tit. 27. Enfin Brunemann, qui a traité la même question, lui donne aussi la même solution.

Il n'en serait pas de même si l'associé avait contracté au nom de la société. L'action des tiers rejaillirait alors sur la société, parce que l'associé qui gère est au moins le mandataire tacite de la société, et qu'il agit en cette qualité. « Ut unus sociorum alios obliget, requiritur non so- » lum quod sit ab eis expresse vel tacite praepositus, sed » etiam quod contrahat nomine communi (1). » Dans ce cas, en effet, les tiers ont eu en vue la société; ils ont compté

_____

(1) Alexandre, livre 5, consult. 139.

autant sur sa solvabilité que sur celle de l'associé contractant. Il importe peu, dans ce cas, que l'argent ait tourné au
profit de la société. Sans doute, par application de la loi 82,
on devra décider que l'associé contractant qui voudra exercer
son recours contre ses associés devra leur prouver qu'il a
employé l'argent emprunté aux affaires de la société; mais,
vis-à-vis des tiers, cette preuve est tout à fait inutile; dès
que l'associé est réellement mandataire, qu'il a agi en cette
qualité sans dépasser son mandat, les tiers ont action contre
lui et contre la société. Ce n'est pas à eux, en effet, de sur-
veiller l'emploi des fonds qu'ils ont prêtés; peu leur importe
que l'argent soit employé ou non au profit commun; par l'intermédiaire de l'associé, ils ont prêté à la société, ils auront
contre elle une action utile.

Ainsi, quand la gestion appartient à tous les associés à la
fois, les actes faits par l'un d'eux dans la limite de son mandat, au nom de la société, rejaillissent sur elle. Nous avons à
nous demander maintenant pour quelle portion chacun des
associés est tenu des dettes sociales. Commençons par dire
qu'à Rome les associés ne sont pas tenus *in solidum*; chacun
doit seulement sa part et portion virile. La solidarité n'existait que pour les sociétés de banquiers : « Quod tantum recep-
» tum est in argentariis sociis, ter necessarium usum ar-
» gentariorum et mensæ, propter utilitatem publicam. (1) »

Ainsi chacun des associés est tenu pour sa part. Notons
pourtant que celui qui a contracté l'engagement est tenu pour
le tout vis-à-vis du tiers avec qui il a contracté, parce que le
mandataire s'engage personnellement. Mais, s'il est obligé de
payer tout, il aura le droit de se faire indemniser par ses associés. Il pourrait arriver aussi que les tiers eussent stipulé
la même chose de chacun des associés, de manière à les

---

(1) Novelle 136. Loi *quod prius, depositi.*

rendre solidaires. Nous savons que cela était possible au moyen de la formule de la stipulation, et que la solidarité dépendait, dans ce cas, de la manière dont étaient faites les questions et les réponses (1).

La faculté laissée ainsi à chaque associé d'engager la société lorsqu'il traite au nom de celle-ci pourrait quelquefois, dans les mains d'un associé ignorant ou de mauvaise foi, devenir fort dangereuse. Les jurisconsultes ont vu le danger, et y ont porté un remède. La loi 28, *communi divid.*, fournit aux associés diligents une arme contre l'impéritie et la mauvaise foi : cette arme, c'est le droit de s'opposer à un acte de gestion avant qu'il ne soit consommé. Voyons donc dans quelles conditions ce droit pourra être exercé. Faudra-t-il que l'opposition soit faite par tous les associés d'un accord unanime, ou bien un seul des associés ou le plus petit nombre pourra-t-il par son *veto* empêcher l'accomplissement d'un acte de nature à compromettre l'intérêt commun?

D'abord, l'accord de tous les associés n'est pas nécessaire. Nous en trouvons la preuve dans la loi 160, *de regulis juris*, laquelle nous apprend que dans les universités c'est la loi de la majorité qui l'emporte, et la raison le dirait, si la loi ne l'avait dit. « Refertur ad universos quod publice fit per majo- » rem partem. » Il est vrai qu'il s'agit ici des collèges et non des sociétés particulières ; mais il y a tant d'analogie entre ces sociétés et celles qui nous occupent, qu'il paraît tout naturel d'étendre aux unes les lois qui sont faites pour les autres: ici nous avons encore, pour nous autoriser à appliquer ce principe aux sociétés particulières, autre chose que l'analogie, ce sont les lois 7 et 8, *de pactis*.

Remarquons, du reste, que la majorité ne suffit que s'il s'agit d'actes ordinaires de gestion ; mais, s'il fallait apporter

---

(1) *De duob. reis stip. et prom.* Inst. III, 16, Pr. et § 1.

des changements dans la chose sociale, ou faire des actes sortant des bornes de l'administration, le *veto* d'un seul associé suffirait. On va nous opposer sans doute l'autorité de Papinien : « In re pari, potiorem causam esse prohibentis con-
» stat, » et soutenir que dans tous les cas la voix d'un seul associé suffit pour empêcher les autres d'agir. Mais il faut observer que ces mots, *in re pari*, indiquent suffisamment que Papinien a eu en vue le cas de partage des voix.

Il y a un cas où le droit d'opposition disparaîtrait, un cas dans lequel la majorité serait impuissante pour empêcher un associé d'agir: c'est lorsque l'acte de l'associé a pour but la conservation de la chose sociale. Pour laisser périr la chose commune, il faudrait l'unanimité. (Brunemann, loi 28, *communi dividundo*.)

DE LA GESTION CONFIÉE A UN SEUL OU A QUELQUES-UNS DES ASSOCIÉS.

Item magistri societatum pactum prodesse
et obesse .onstat. 14, *de pactis.*

Dans les sociétés nombreuses, il pourrait être dangereux d'abandonner à tous la gestion des affaires communes. Au milieu des conflits, des opinions diverses des associés, les intérêts seraient compromis, la gestion presque impossible. Pour éviter ce danger, on nommait ordinairement un ou plusieurs gérants, *magistri*, auxquels on conférait le pouvoir d'administrer. « Magisterare, regere et temperare est: ma-
» gisterare, moderari, unde magistri non solum doctores
» artium, sed etiam pagorum, *societatum*, vicorum, colle-
» giorum, equitum dicuntur; quia omnes hi magis cæteris
» possunt. » (Festus, *de verb. sign.*, v° *magisterare*.)

Les sociétés vectigaliennes, si nombreuses et si puissantes

à Rome, mettaient ordinairement à leur tête des *magistri*. La
compagnie de Sicile, qui prêta à Verrès le secours de son
crédit, paraît en avoir eu trois : Vettius, Servilius et Antis-
tius (1).

Ces *magistri* étaient choisis parmi les associés ; mais il pouvait arriver aussi qu'un étranger à la société, homme libre
ou esclave, fût chargé d'administrer les affaires sociales ; il
prenait le nom d'*institor* ou d'*exercitor*, suivant qu'il s'agissait
d'un commerce de terre ou de mer. Les attributions de ces
différentes sortes d'administrateurs étaient à peu près les
mêmes ; mais leurs actes étaient loin de produire les mêmes
effets. Nous allons cependant nous en occuper dans un même
chapitre, en ayant soin d'indiquer les différents effets de
leurs actes, chaque fois que des différences existeront.

Commençons d'abord par le point fondamental. Le *magister*, lorsqu'il traite avec les tiers, agit au nom de la société, de même que l'*institor* ou l'*exercitor ;* mais les actions
qui naissent de ses contrats pour ou contre la société ne
sont que des actions utiles, parce qu'il agit en qualité de
mandataire de la société ; de plus, s'il est tenu lui *in solidum*
vis-à-vis de ceux avec lesquels il a contracté, il n'en est pas
de même des autres associés, qui ne sont tenus vis-à-vis des
tiers que chacun pour sa part et portion ; tandis que les
contrats et obligations de l'*institor* ou *exercitor* donnent aux
tiers contre la société une action directe, l'action exercitoire
ou tributoire, suivant les cas, et les engagent tous *in solidum*.

Nous trouvons dans la loi 57, *de cerborum sig.*, la définition
du *magister :* « Cui præcipua cura rerum incumbit, et qui
» magis quam cæteri, diligentiam et sollicitudinem rebus
» quibus præsunt, debent, magistri appellantur. » Dans le

_____

(1) Cicéron, III, *in Verrem*, 71.

titre *pro socio*, les jurisconsultes ne se sont occupés que de l'action; aussi n'y trouvons-nous aucun détail sur les attributions de ces administrateurs, qui n'y sont nommés qu'une fois à propos des sociétés vectigaliennes.

Il est difficile d'indiquer l'origine de cette institution d'une manière certaine, et nous ne pouvons nous livrer qu'à des conjectures. Il est probable que lorsqu'on a voulu pourvoir à l'administration d'une société, on a été chercher un modèle dans l'ordre politique. Dès les temps les plus reculés, le mot *magister* est employé pour désigner le représentant d'une personne. Le *magister equitum* était, à Rome, sous les rois, un véritable vice-gouverneur chargé de l'administration pendant les interrègnes, remplaçant le roi partout où il ne pouvait être lui-même, tenant sa place surtout pour commander les armées. Il est assez naturel de penser que cette institution a donné l'idée de donner à la société un *magister* chargé d'agir pour elle.

Nous trouvons encore une autre origine dans la procédure romaine de la *missio in possessionem bonorum*, que le droit formulaire avait substituée à la *manus injectio*. Il était d'usage en effet que les créanciers envoyés en possession des biens de leurs débiteurs insolvables nommassent un syndic ou *magister*, l'un d'eux ordinairement, chargé de vendre les biens et de représenter l'union des créanciers: « Et magister erat
» plerumque unus ex creditoribus, nonnunquam erant
» plures, puta, unus rebus italicis vendendis, alter rebus
» provincialibus, consensu majoris partis creditorum, et
» auctoritate prætoris electus et constitutus ad proscribenda
» bona debitoris, vendenda vel locanda, ad legem locationi,
» vel venditioni dicendum, ad rationes conservandas et
» excutiendas, dispungendas, cognoscendas; et hic plerum-
» que in libris nostris significatur hoc vocabulo unus, id est

» magister (1). » A Rome, toutes les charges électives, le
consulat, la dictature, etc., étaient annuelles; le *magister
societatis*, nommé aussi par l'élection, voyait le plus souvent
expirer ses pouvoirs au bout de l'année. Je n'ai pas besoin
d'indiquer l'analogie.

Dans les sociétés vectigaliennes, les *magistri* étaient ordinairement nommés pour une année. Des *pro-magistri* parta-
geaient le plus souvent avec eux les charges de l'administration ; chacun d'eux avait soit une mission spéciale, soit une
région particulière dans laquelle il représentait la société.
Grâce à leur organisation, peut-être aussi par la nature
même de leurs entreprises, ces sociétés devinrent extrême-
ment puissantes, et dans les derniers temps de l'empire les
vexations de toutes sortes dont leurs représentants acca-
blaient les provinces les avaient rendus odieux.

Wissembach, *ad Pandectas* : « Publicani sunt vectigalium
» publicorum conductores. Publicanorum ordo sicut ad mo-
» dum spectabilis fuit, et potens apud Romanos ita audacia et
» scelerum infamia laboravit, ut docet Ulpianus, loi *quantæ
» audaciæ*, 12, D. *publicanis.* »

   « Thersites interrogatus quæ feræ essent sævissimæ? res-
» pondit: in montibus, ursi; in urbibus, publicani et fœnera-
» tores. »

Le *magister* d'une société pouvait être nommé tantôt au
moment même de la formation de la société par un pacte
joint, tantôt pendant la durée de la société. Un associé, au
moment même de la formation de la société, pouvait faire
de sa nomination comme *magister* la condition de son consentement à se mettre en société. Sa révocation entraînait
alors la dissolution de la société.

(1) Loi 83, § ult. *cum plures de rebus auctor. judic. possid.* Cujas
sur les lois 57 et 58, *pro socio*, vol. 8, col. 505.

Quand, au lieu de mettre un membre de la société à la tête de la direction des affaires, on en chargeait un étranger, il prenait le nom d'*institor* ou d'*exercitor*. Ce pouvait être un homme libre ou un esclave, le plus ordinairement un esclave de la société ou un affranchi (1) : « Istas tamen duas actiones » (l'institoire et l'exercitoire) prætor reddit, etsi liberum quis » hominem aut alienum servum navi aut tabernæ, aut cuilibet » negotiationi præposuerit. » Les Romains regardaient comme indigne d'eux de s'occuper de petit commerce : « Mercatura autem si tenuis est, sordida putanda est ; sin » magna et copiosa, multa undique apportans, multisque sua » varietate impartiens, non est ad modum vituperanda. » Cic. *de Off.* 1, 42. C'est pourquoi le petit commerce était dans la main des esclaves et des affranchis ; les citoyens ne s'occupaient que du grand négoce, par exemple la ferme des impôts, des mines, etc. (2).

Quand la société s'est ainsi donné un *magister* ou *institor*, toute la gestion des affaires s'opère par ce représentant, qui oblige les associés chacun pour sa part si c'est un *magister*, et qui les oblige tous *in solidum* si c'est un *institor* ou *exercitor*. C'est avec ce mandataire que les tiers doivent traiter, et, afin qu'ils ne puissent en ignorer, on met le plus souvent sur l'enseigne de la boutique, à côté de l'indication du genre de commerce, le nom de l'*institor* (3).

La société sera engagée vis-à-vis des tiers, toutes les fois que son représentant aura contracté *nomine sociali* : « .Equum fuit cum qui magistrum navi imposuit teneri : ut » tenetur qui institorem tabernæ vel negotio præposuit. » D. *de exercit.* loi 1, § 1.

(1) Institut. lib. 4, tit. 7, § 2.
(2) Cic. pro *Fontejo*, n° 4.
(3) Brisson, *de formulis.*

Ces actions ont été introduites par le préteur, et le motif de raison sur lequel elles se fondent, c'est l'ordre donné indirectement ou expressément par les associés. De même que celui qui a contracté avec l'esclave préposé à une boutique est censé avoir contracté avec son maître, de même aussi celui qui a contracté avec le préposé de la société est censé avoir contracté avec la société. Dans l'un et l'autre cas, il y a action *in solidum* contre chacun de ceux qui ont préposé l'esclave (1). Peu importent la condition et l'âge du préposé, peu importe que ses opérations tournent au détriment de la société; c'est à ceux qui l'ont choisi à s'imputer leur mauvais choix.

On se demandera peut-être pourquoi le *magister* n'engageait pas, lui aussi, chacun des associés *in solidum;* car il peut être considéré aussi comme un préposé, et la même cause devrait produire les mêmes effets. C'est là une de ces anomalies qui découlent des principes mêmes du mandat. Nous avons expliqué ci-dessus comment la jurisprudence avait été amenée à donner au mandant une action utile contre les tiers, et à ceux-ci la même action contre le mandant; cette action ne devait atteindre chacun des associés que pour sa part virile. Une exception au droit commun fut apportée par l'action tributoire; on ne doit pas la faire sortir de ses limites, surtout si l'on prend en considération le génie formaliste du peuple romain.

D'ailleurs, quand un *magister* est mis à la tête de la société, les rapports des tiers avec les associés ne sauraient changer. Le *magister*, en effet, n'a aucun pouvoir de plus qu'avant. Par la nature même de la société, chaque associé a droit de gérer, et peu importe aux tiers que, par une convention, les associés renoncent à ce droit au profit de l'un d'eux; ce fait ne saurait donner aux actes de l'associé administra-

(1) D. 14, 1, 1, § 2, Ulp.

teur des effets qu'ils n'auraient pas eus s'il eût contracté en
qualité de simple associé.

Quant à l'*institor*, la préposition l'a investi d'un pouvoir
tout spécial qu'il n'avait pas avant, et le préteur a décidé que,
dans ce cas, il y aurait une action solidaire contre tous les
préposants. D'ailleurs le *magister* offre aux tiers une sûreté
qu'ils n'auraient pas trouvée en contractant avec l'esclave, si
le maître de celui-ci n'eût été tenu *in solidum*. Le plus souvent, nous l'avons déjà fait remarquer, une inscription placée
sur le devant de la boutique faisait connaître aux tiers les
limites du pouvoir du préposé : « Quod si nollet dominus in
» totum institore contrahi, palam proscribere debebat ne
» cum eo contraheretur (1) » Ulpien a très-bien dit, en matière d'action institoire : « Conditio propositionis ser-
» vanda (2). » On avait établi cette responsabilité solidaire
pour ne pas forcer celui qui avait contracté avec un seul à diviser son action : « ne in plures distringeretur qui cum uno
» contraxerit. » (Loi 2, D. *de exercit.*; loi 3, D. *de instit.*)

« Notandum est, ex contractu ejus quem, quæstus faciendi
» causa, tabernæ, officinæ, vel negotiationi præposuimus, ut
» ei rei, vice nostra, sedatius insisteret, qui deinde institor
» dicitur, nos qui præposuimus obligari et teneri institoria
» actione in solidum, sive servus sit noster, sive alterius, sive
» liber homo, sit is quem præposuimus... Verum si unus
» conventus in solidum, solidum præstiterit, quod amplius
» sua parte præstiterit, id a cæteris consequetur actione pro
» socio. » (*Cujas*, sur la loi 3, *de exercit. act.*)

Le gérant, l'*institor*, l'*exercitor*, n'engagent la société qu'autant qu'ils ne sortent pas des limites du mandat, et qu'ils se
bornent à faire des actes d'administration (3).

(1) Brisson, *de formulis*, livre VI, p. 341.
(2) Loi 11, § 5, *de inst. act.*
(3) Il est bien entendu que l'*institor* préposé par un seul des as-

Il est un cas cependant où la société est engagée, quoique le mandat ait été dépassé; c'est lorsque le mandataire a emprunté, pressé par la nécessité, pour la conservation de la chose commune. (Loi 1, § 8, *de exercitoria.*) « Quid si mu-
» tuam pecuniam magister sumpserit? An ejus rei nomine
» videatur gestum? Et Pegasus existimat, si ad usum ejus
» rei in quam præpositus est, fuerit mutuatus, dandam ac-
» tionem : quam sententiam puto veram. » La loi 7, au même titre, vient confirmer cette décision en l'étendant à l'action institoire. Elle exige, en outre, pour la validité de l'emprunt, qu'il soit nécessaire et non exagéré. Cette loi résout ainsi une autre question : lorsque le maître d'un navire, l'*institor* ou le *magister* d'une société contracte un *mutuum*, est-ce au créancier de prouver que l'argent a été employé dans l'intérêt de la société, et que l'emprunt n'est pas exagéré? Elle répond négativement. Il suffit, en effet, que le créancier sût que la société avait besoin d'argent pour l'opération indiquée, et il n'a pas besoin de s'inquiéter si l'argent a eu réellement l'emploi auquel il était destiné.

Quand une société est constituée pour faire un commerce, il est évident que l'administrateur, quel qu'il soit, a le droit de vendre les choses qui rentrent dans ce commerce, et d'en acheter d'autres à mesure que le magasin se vide. Cette faculté est dans son mandat; mais il n'aurait pas le droit de vendre les objets qui servent à ce commerce, par exemple les comptoirs et autres instruments.

Nous avons vu que le *magister* d'une société s'engage *in solidum* vis-à-vis des tiers avec lesquels il traite au nom de la société, tandis qu'il n'engage les autres associés que pour leur

sociés engage la société vis-à-vis des tiers, parce que l'associé a le droit de déléguer son droit d'administrer; mais, dans ce cas, il serait responsable des fautes de l'*institor* vis-à-vis de ses coassociés.

part seulement. Nous nous demandons maintenant si le *magister*, qui s'est ainsi obligé, comme *magister*, vis-à-vis des tiers, peut encore être actionné par ceux-ci, lorsque ses fonctions ont cessé. Le syndic a contracté une obligation personnelle, qui ne peut se dissoudre que par un mode légal. Une diminution de tête aurait cet effet ; mais la cessation des fonctions du syndic ne peut pas être considérée comme un changement d'état. Il faut donc décider que la cessation de ses fonctions n'apporte aucun changement dans les droits des tiers : « Syndicus qui pro debito universitatis se » suaque bona obligavit, licet tanquam syndicus, conveniri » tamen etiam finito officio potest. » Favre, *in codic.*

Quelquefois l'administration se divisait (1). « Quin etiam » plures nonnunquam magistri divisis officiis præponeban- » tur, veluti alter locando, alter exigendo. Plerique sic duos » præponebant ne alter sine altero quid ageret. » Brisson, VI, *de formulis ;* D. 26, 7 et 9.

Quand l'administration a été ainsi partagée entre plusieurs mandataires, soit par régions, soit par parties, chacun administre sa région ou sa partie, mais il ne peut se mêler des autres que comme surveillant. La responsabilité de la gestion se trouve aussi divisée. C'est ce qu'on doit décider par argument de la loi *si plures curatores.* D. 26, 7, fr. 3, § 9, et fr. 4. « Item si dividi inter se tutelam velint tutores, audiendi » sunt, ut distribuatur inter eos administratio vel in partes, » vel in regiones. Et si ita fuerit divisa, unusquisque excep- » tione summovebitur pro ea parte vel regione, quam non » administrat (2). » Cette décision ne serait applicable que

(1) Paul, l. 9 § 4, *de public.* — Janus a Costa, *inst. de soc.*, § 5. — Cujas, *Obs.* lib. X, ch. 5.

(2) Loi 46, § 6; loi 47, § 2; loi 51; loi 55, *de adm. et peric. tut.;* loi 2, Cod. *si ex pluribus tutoribus.*

daus le cas où l'administration aurait été ainsi divisée par les associés eux-mêmes; car si les maîtres de la société nommés pour administrer ensemble étaient convenus entre eux de se diviser l'administration, ils ne cesseraient pas d'être tous responsables vis-à-vis des associés, quoiqu'un seul eût administré.

DROIT FRANÇAIS.

DE LA CESSION D'INTÉRÊT

DANS LES SOCIÉTÉS CIVILES ET COMMERCIALES.

Quid leges sine moribus !

DE LA CESSION D'INTÉRÊT DANS LES SOCIÉTÉS OU L'ON TIENT SPÉCIALEMENT COMPTE DES PERSONNES.

I.

NOTIONS PRÉLIMINAIRES.

On entend par cession l'acte qui fait passer la propriété de quelque droit ou action d'une personne à une autre. Le cédant est celui qui transporte son droit ; le cessionnaire, celui au profit duquel le transport est fait. La cession d'intérêt est donc l'acte par lequel un associé se dépouille au profit d'autrui d'une quote-part ou de tous les droits qu'il a dans la société.

Il faut bien distinguer la cession d'intérêt, de la vente qu'un associé pourrait faire de ses droits de propriété sur un ou plusieurs objets appartenant à la société.

Cette vente, tout le monde lui reconnaît le droit de la faire. Les lois romaines, notre ancienne jurisprudence l'avaient permise (Pothier, n° 91) Voici quels en sont les effets : l'acheteur ne devient pas actuellement propriétaire ; il n'a pas acquis un droit certain, irrévocable, parce que la validité d'une telle vente est subordonnée au partage à intervenir. Si aucune portion de l'objet vendu ne tombe dans le lot de l'associé, la vente restera sans effet, parce que le vendeur aura vendu la chose d'autrui. Cette vente est donc faite sous con-

dition suspensive, et l'acquéreur ne peut être mis en possession qu'après le partage.

Supposons maintenant que l'associé ait vendu son intérêt
ou une portion de son intérêt, une quote-part de ses droits
comme associé; ce n'est plus là, comme dans le cas précédent, une vente conditionnelle; son efficacité cesse d'être
subordonnée à l'événement du partage; elle produit son
effet *hic et nunc*. L'acheteur devient propriétaire, et le vendeur cesse de l'être; il est certain que l'associé aura un lot
quelconque. Enfin, il peut arriver que le cessionnaire devienne membre de la société, ce qui n'arrivera jamais pour
l'acheteur d'un objet particulier.

Des différences nombreuses empêchent donc de confondre
ces deux cas.

Le droit de cession avait de bonne heure été accordé à
l'associé par les lois romaines. C'est par l'étude de cette législation que nous allons commencer; elle peut d'autant
mieux nous servir de guide dans cette matière, que la plupart des principes écrits dans le Digeste et dans le Code pas-
sèrent dans notre ancienne jurisprudence, et forment
encore la base de notre droit moderne.

II.

PRINCIPES DU DROIT ROMAIN SUR LA CESSION D'INTÉRÊT.

Les limites dans lesquelles se meut la société, en droit romain,
sont assez étroites; en effet, quoique les sociétés fussent très-
répandues et très-nombreuses à Rome, soit pour affermer les
impôts, soit pour faire le commerce, soit pour établir entre citoyens une certaine communauté de biens, le droit n'offrait pas
ces formes variées d'association que le temps et les nécessités
du commerce ont fait introduire dans notre droit moderne.
Point de ces sociétés, si nombreuses aujourd'hui, dans lesquelles il y a tout à la fois association de personnes et de

capitaux ; point de division du capital en actions, l'une des plus grandes ressources du crédit moderne, l'un des plus puissants moyens que le progrès ait mis dans les mains des générations actuelles pour étendre le commerce, pour exécuter ces grands travaux d'utilité publique qui surpassent en magnificence et en grandeur tout ce que l'antiquité nous a légué de plus colossal, et pour entreprendre ces vastes opérations industrielles qui excéderaient les forces des fortunes privées les plus considérables.

Dans le droit romain, la société a un caractère tout personnel : ce n'est pas en vue des capitaux, mais en vue des personnes que l'on s'associe ; de là ce principe que les associés doivent se choisir, principe auquel on déroge difficilement, et d'où est née cette autre règle, que celui qui fait partie d'une société ne saurait transmettre à un étranger, malgré ses associés, ni par vente, ni par donation, ni à aucun titre que ce soit, sa qualité d'associé. « Cum enim societas con- » sensu contrahatur, socius mihi esse non potest quem ego » nolui (1). »

Certains moyens d'acquérir la propriété seront assez énergiques pour faire passer un citoyen d'une famille dans une autre : l'adrogation donnera au père adrogeant la propriété de tout ce que possédait l'adrogé ; la personne même de celui-ci viendra se fondre dans celle de l'adrogeant : esclaves, femme, enfants, tout passera sous la puissance de l'adrogeant ; quant à la qualité d'associé que possédait l'adrogé, elle ne peut être transmise. « In patrem adrogatorem, societatem » non transire (2). » Pourquoi ? parce que la qualité d'associé est attachée à la personne. « Jura personalia non sunt cessi- » bilia. »

(1) Loi 19, D. pro socio.
(2) Pichard, Inst. in pr. de acquirendo per adrogationem.

Les conséquences de ce principe, que les associés doivent
se choisir, sont poussées jusqu'à la dernière rigueur. La loi
ne permet pas même aux associés de s'y soustraire volontai-
rement par leurs conventions. Ainsi on ne pourrait valablement, en contractant une société, donner à un associé ou à
chacun d'eux le droit de sortir de la société et d'y mettre un
étranger. C'est la conséquence forcée qu'il faut tirer des lois
59 et 35, *pro socio*, qui ne permettent pas même de convenir
que la société, après la mort d'un associé, continuera avec ses
héritiers, parce que la nature de la société répugne à ce que
l'on se lie par un pareil contrat avec des personnes incertaines. « Nec ab initio pacisci possumus, ut hæres succedat socie-
» tati. » C'est qu'une sorte de fraternité existe entre les associés;
la bonne intelligence qui ne doit cesser de régner entre eux
exige d'eux une parfaite connaissance de leur caractère, de
leur habileté, de leur aptitude aux affaires. Les héritiers
succèdent donc seulement aux droits actifs ou passifs acquis
dans la société au moment de la mort de leur auteur. Une
double exception au principe avait dû être admise, dans l'intérêt public, en faveur de la société formée pour la ferme des
impôts, en ce que : 1° les héritiers participaient aux profits ou
pertes, au résultat des opérations même postérieures au décès
de leur auteur ; 2° en ce qu'il pouvait être valablement convenu d'avance que la société continuerait avec eux. Lois 59
et 63, § 8, *pro socio*.

Ainsi, les associés doivent se choisir ; voilà une première
raison pour refuser à un associé le droit de se substituer un
tiers (1).

Une autre raison encore s'y oppose, et c'est Alphonse
de Olea qui la donne (2) : « Alia etiam ratio suadet jus socie-

(1) Felicius, ch. 32, n° 5.
(2) *De cessione jur. et act.*, tit. III, quest. V.

» tatis cessibile non esse; quia in actione pro socio, non
» solum actio, sed et passio invenitur, hoc est jura activa et
» passiva; socio enim et contra eum competit actio, et inter
» eos mutuæ præstationes sunt. At actiones passivæ cedi non
» possunt, quia non sunt in nostra potestate. »

D'ailleurs, en contractant société, l'associé s'est obligé de
donner ses soins à la chose commune, *operas*, et lui seul peut
remplir cette obligation. « Sed cum factum in stipulatiòne
» continebitur, omnimodo persona stipulantis continetur. » Il
ne saurait donc avoir le droit de priver ses associés de son
travail personnel, de sa présence dans la société, et changer
ainsi les conditions du contrat, parce que c'est peut-être à
cause de lui que les autres membres ont consenti à s'associer.

Nous n'avons pas ici à faire l'histoire de la cession des
droits et des actions; nous n'avons pas besoin d'expliquer
comment, la faculté de plaider par procureur une fois admise,
on en tira un moyen détourné de transporter à autrui des
droits, des créances, des actions que le droit quiritaire con-
sidérait comme si intimement liés à la personne; disons seulement qu'une telle cession était possible, qu'une créance,
qu'un droit, qu'une action pouvaient être cédés, et voyons
de suite quels pouvaient être les effets de la cession d'intérêt
dans une société.

Nous venons de voir que, malgré la cession qui lui est con-
sentie, un étranger ne peut entrer dans la société. L'associé
qui l'a faite ne cesse donc pas d'être associé; entre lui et son
acquéreur une nouvelle société s'est formée, distincte de la
première et chevauchant sur elle. Ce sont les principes que
Félicius développe au ch. 15, n° 62, *de societate*; nous les trouvons écrits dans le Digeste, loi 20, *pro socio* : « Socii mei socius, socius meus non est; » l'associé de mon associé n'est
pas le mien; « sed ei tantum socius est qui admisit; » il
est seulement l'associé de celui qui lui a cédé sa part dans la

société. C'est que la société n'existe que par le consentement de ceux qui l'ont formée, et qu'ils ne sauraient avoir un nouvel associé à leur insu et malgré eux. Voilà donc, au lieu d'une société, deux sociétés qui existent maintenant; elles vont vivre côte à côte; mais la seconde n'est qu'un satellite dont le sort est intimement lié à celui de la première; elle peut bien finir avant, mais elle ne saurait prolonger son existence après la dissolution de celle-ci (I).

Favre, dans ses *Rationalia* sur les lois 22 et 23, *pro socio*, peint parfaitement la position de cette nouvelle société et de ce nouvel associé, que, dans notre droit moderne, nous appelons croupier. « Cum unus ex pluribus sociis, inscio altero, » tertium aliquem admittit ad societatem, *duæ sunt societates*, » prior una inter priores socios contracta, posterior altera » inter unum ex prioribus sociis et alterum tertium. » Voilà bien les deux sociétés dont nous parlions tout à l'heure.

Supposons maintenant qu'au lieu d'agir sans consulter ses associés, le cédant leur ait demandé leur avis, qu'il leur ait fait connaître son intention de se retirer et de se faire remplacer par un tiers, et que les associés, ainsi consultés, donnent leur consentement, le cessionnaire alors prendra la place du cédant. Une société a été contractée entre Primus et Secundus; Secundus, qui ne veut plus être en société, propose à Primus de prendre Tertius à sa place. Si Primus y consent, Tertius deviendra son associé en remplaçant Secundus; la société continuera donc entre Primus et Tertius; mais on peut dire qu'elle aura commencé une nouvelle existence par la force de cette nouvelle convention : tel sera l'effet du consentement exprès de Primus. Mais, en l'absence d'une convention, d'un consentement exprès, un consentement tacite pourrait-il être considéré comme suffisant? Farinacius, lib. I,

(1) Cette question est controversée chez nous.

cons. 15, n° 83, décide que le consentement tacite ne saurait suffire : « quia, cum ex cessione movetur actio, necesse est id » expresse agatur. » C'est ce que l'on doit décider par argument de la loi dernière, Code *de novationibus*.

La substitution de Tertius à Secundus va soulever une question bien autrement importante encore. Nous savons que la société se dissout par la mort d'un associé, parce que celui qui contracte une société ne se lie qu'à la personne de son choix ; et même, s'il y a plus de deux associés, la mort d'un seul dissout la société, bien que plusieurs survivent, à moins que, dans le contrat, l'on ne soit convenu du contraire (1) ; car alors il y aurait eu manifestation et concours de volonté sur ce point, et, à vrai dire, une société nou...e commencerait. Il s'agit de savoir si la dissolution ar... par la mort de Secundus cédant, ou par celle de Tert...s ce... sionnaire. On pourrait soutenir que la mort du cé... ... traînera la dissolution de la société, par argume... ...a loi *necessario*, § *fine*, D. *de periculo et comm. rei v...* Nous voyons en effet que, si l'usufruitier cède son droit, l'usufruit prend fin, non par la mort de l'acheteur, mais par celle de l'usufruitier. Par analogie, il faudrait donc décider que la société sera dissoute par la mort du cédant, et non par celle du cessionnaire. C'est cependant le contraire qui est vrai ; la société doit se dissoudre, non pas par la mort du cédant, mais par celle du cessionnaire ; et je m'appuierai, pour le soutenir, sur la loi *si usufructus* 4, *de novationibus et delegationibus*, dont voici le sens : « Si l'usufruitier, avec le con- » sentement du propriétaire, cède à un tiers son droit d'u- » sufruit, l'usufruit s'éteindra par la mort du cessionnaire. » Voilà, certes, deux décisions qui semblent bien contraires ; au

(1) Inst. *de* s... *ciet.*, § 5; 65 *pro socio*, D., § 9.

premier abord, il semble impossible de les concilier, et cependant la contradiction n'est qu'apparente. Nous rencon-
trons en effet, dans la seconde, un élément qui manque totalement dans la première: c'est la volonté du nu-propriétaire,
qui vient, par sa manifestation, constituer, dans le second
cas, en quelque sorte un nouvel usufruit. Qui ne voit qu'en
décidant que la société se dissout par la mort du cédant, on
confond deux hypothèses bien différentes, que nous avons
distinguées avec soin: celle où l'associé donne son consentement à la substitution de Tertius à Secundus, celle où
ce consentement n'existe pas. Dans la question que nous
avons à résoudre, la volonté de Primus vient aussi donner
une vie nouvelle à la société; à partir de l'admission de
Tertius, une nouvelle phase commence: Secundus s'est
éclipsé, la société n'a plus rien de commun avec lui, il est
devenu tout à fait étranger; c'est pourquoi sa mort ne
doit plus exercer aucune influence sur l'existence de la société. Que si la volonté de Primus ne s'était pas manifestée,
il faudrait décider autrement, parce que la cession de Secundus n'aurait pas eu pour effet de donner à Tertius la qualité
d'associé; Secundus seul serait en rapport avec Primus, et
c'est sa mort, et non celle de Tertius qui amènerait la dissolution. Voilà la conciliation de ces deux décisions, en appa-
rence si contraires, sur l'effet de la cession de l'usufruit.

Dans le cas où la cession a lieu avec l'agrément de Primus, le cessionnaire est entièrement substitué au cédant, qui
disparaît; on règle les rapports de Primus et de Tertius absolument comme s'ils avaient été associés dès le principe.
C'est une hypothèse qui n'offre plus aucune difficulté, et que
nous allons écarter, pour en revenir au cas où la cession est
faite en dehors du consentement de Primus. Nous l'avons dit,
dans ce cas, deux sociétés existent à côté l'une de l'autre; il

s'agit pour nous de savoir quelle sera la nature des rapports de Secundus et de son cessionnaire avec la société ou avec Primus.

D'abord, la cession n'apporte aucun changement dans les relations existantes entre Primus et Secundus; ils restent associés comme auparavant : tous les deux se doivent compte des opérations qu'ils auront faites; ils ont droit aux mêmes indemnités et sont tenus des mêmes obligations qu'avant la cession. Ils auront toujours l'un et l'autre l'action *pro socio*, pour se contraindre mutuellement à remplir leurs obligations. Si, d'après les conventions primitives Primus devait prendre dans la société la moitié des bénéfices, il y aura encore droit, parce qu'il est totalement étranger à la société Secundus et Tertius. La cession aura donc seulement pour effet d'obliger Secundus à remettre à Tertius tous les bénéfices qu'il retirera de la société, si la cession est totale, ou seulement à lui en donner une part, si elle n'est que partielle. Il pourrait se faire que Secundus n'eût cédé une portion de son intérêt que pour se donner un auxiliaire qui pût supporter avec lui les charges de l'administration. Tertius, dans ce cas, sera son mandataire toutes les fois qu'il administrera les affaires de la société; c'est donc à lui qu'il devra rendre compte de sa gestion, c'est à lui qu'il devra remettre les gains qu'il aura faits, afin que Secundus les verse dans la caisse de la société; Secundus aura, pour l'y forcer, l'action *pro socio*. Quant à Primus, il n'a rien à voir dans cette nouvelle société ; Tertius ne lui doit rendre aucun compte directement. Que si Tertius s'est enrichi aux dépens de la société, s'il est en retard pour verser des sommes appartenant à la société, c'est par l'intermédiaire de Secundus qu'il faudra l'atteindre. Primus, dans ce cas, agira donc contre Secundus par l'action *pro socio*, et celui-ci s'adressera à son tour à son cessionnaire pour lui faire rendre ses comptes; il versera ensuite dans la caisse commune ce qu'il aura obtenu de lui. Dans ce cas, c'est Secundus qui est débiteur de la société ; Primus, au lieu de s'adresser à lui, pourrait également exercer l'action indirecte contre Tertius. (Loi 21, *pro socio*.) « Et quid- » quid erit de societate nostra consecutus, cum illo qui cum » adumpsit communicabit ; nos cum eo non communicabi- » mus ; sed factum ejus præstabitur societati ; id est, agat » socius, et societati præstabit quod fuerit consecutus. »

L'expression *nos cum eo*, dont se sert Ulpien dans cette loi, semble indiquer une hypothèse qui ne serait pas tout à fait la nôtre. Il y aurait trois associés primitifs : Primus, Secundus et Tertius, et c'est ce dernier qui aurait admis Quartus à partager sa part d'intérêt. Cela n'apporte aucune modification aux principes que nous venons de développer. Primus et Secundus, dans l'espèce d'Ulpien, devront agir contre Tertius pour le forcer à rendre compte à la société des faits de Quartus comme des siens propres, et réciproquement. Tertius, intermédiaire nécessaire entre la société et Quartus, devra compte à ce dernier des opérations de la société. « Ex » contrario factum quoque sociorum debet et præstare, si- » cuti suum : quia ipse adversus eos habet actionem (1). »

Nous avons à examiner, sur cette loi, la nature de la responsabilité du cédant vis-à-vis de ses associés pour les faits du cessionnaire, sa responsabilité vis-à-vis du cessionnaire pour les faits de ses associés.

Commençons par examiner ce qu'il doit à son cessionnaire. Il y a d'abord une chose certaine, c'est qu'il ne saurait être garant vis-à-vis de son cessionnaire des fautes de ses associés, parce qu'en consentant à prendre une part de son intérêt, celui-ci a dû prendre les associés tels qu'ils étaient ; c'est tant pis pour lui s'il s'est trompé dans son appréciation, s'il les a crus

---

(1) Loi 22 Gail, *pro socio*.

diligents et habiles, lorsqu'ils étaient incapables. Le cédant n'a ici aucune faute à se reprocher, et s'il est tenu vis-à-vis de Quartus, cessionnaire, des fautes de ses associés, c'est qu'il a lui-même une action contre eux, *quia adversus eos habet actionem;* il sera déchargé de toute responsabilité en cédant cette action à son cessionnaire, ou en lui communiquant tout ce qu'elle lui aura procuré. Loi 31, *in pr. hæredit. petit. Voir* aussi Favre sur la loi 22, *pro socio.*

La nature de la responsabilité de Tertius vis-à-vis de ses associés est bien différente ; en confiant les affaires de la société à son cessionnaire, en lui donnant mandat de gérer pour lui, il a donné à la société un représentant que les autres associés n'ont pas choisi, qu'ils auraient peut-être voulu repousser. Il est donc tout naturel qu'il soit vis-à-vis d'eux responsable des fautes de ce mandataire, et qu'il soit tenu d'indemniser complétement la société, quand même il n'obtiendrait, lui, qu'une indemnité incomplète de son cessionnaire. Les jurisconsultes romains s'étaient préoccupés beaucoup de cette question de responsabilité, et ce n'est pas sans quelques tâtonnements qu'ils lui ont donné la solution que nous venons d'indiquer. C'est dans la loi 23, *pro socio,* que nous retrouvons les traces des controverses qu'elle a soulevées.

« De illo Pomponius dubitat : utrum actionem cum man-
» dare sociis sufficiat, ut si facere ille non possit, nihil ultra
» sociis præstet : an vero indemnes eos præstare debeat ? Et
» puto, omnimodo eum teneri ejus nomine quem ipse so-
» lus admisit, quia difficile est negare, culpa ipsius admis-
» sum. » Le cessionnaire a causé un préjudice à la société, ou s'est enrichi à ses dépens : suffira-t-il au cédant de donner à ses coassociés l'action qu'il a contre son cessionnaire, ou devra-t-il les indemniser personnellement, si le cessionnaire est insolvable ? Ulpien décide que le cédant est tenu du fait du cessionnaire comme du sien propre, parce qu'après tout

lui seul doit être responsable de l'exécution du mandat que lui seul a confié : pourquoi allait-il, à l'insu de ses associés et malgré eux peut-être, confier à un étranger l'administration de l'affaire commune? Il devra donc rendre la société complétement indemne, sauf pour lui son recours contre son cessionnaire. D'ailleurs, comme le remarque très-judicieusement le président Favre, à quoi servirait à la société l'action de Tertius contre son cessionnaire, si celui-ci est insolvable ? la société ne pourrait en obtenir que ce que le cédant aurait obtenu en agissant lui-même, c'est-à-dire une indemnité incomplète, puisque le cessionnaire attaqué invoquera toujours le privilége de l'associé, qui ne peut être condamné que jusqu'à concurrence de ce qu'il peut faire, « in id quantum facere » potest. » Le cédant aurait donc pu choisir tout exprès un cessionnaire insolvable et maladroit, dans le but de nuire à la société, et quand on viendrait lui demander compte des actes de cet agent, il abandonnerait à la société un recours dérisoire et inutile contre le cessionnaire ; il serait ainsi déchargé de toute responsabilité. Évidemment l'admission d'un semblable système était impossible. « Qui tenetur ratione » culpæ, non liberatur cedendo actionem. »

Le cédant, actionné par ses associés en réparation du dommage causé à la société par son cessionnaire, pourra-t-il au moins compenser les bénéfices obtenus par l'industrie de celui-ci avec la perte causée par sa faute? C'est Pomponius qui le premier paraît avoir soulevé cette question ; il la décidait dans un sens beaucoup trop favorable à l'associé, en admettant dans ce cas la compensation. Aussi Ulpien, qui soutient l'opinion contraire, sort-il de sa modération ordinaire, si l'on en juge du moins par son langage : « Quod non » est verum, inquit, nam et Marcellus, lib. VI Digestorum, » scribit : Si servus unius ex sociis, societati a domino præ- » positus, negligenter versatus sit, dominus societati qui

» præposuerit præstaturum. Nec compensandum commo-
» dum, quod per servum societati accessit, cum damno. Et
» ita divum Marcum pronuntiasse, nec posse dici socio :
» Abstine commodum quod per servum accessit, si damnum
» petis. » C'était aussi l'opinion de Balde : « Lucrum contin-
» gens ex industria, non compensatur cum damno contin-
» gente ex culpa (1). » On voit qu'il généralise ce principe,
que nous venons d'examiner dans une hypothèse spéciale.
Veut-on une raison qui explique cette décision? c'est que les
gains obtenus par un associé deviennent à l'instant même une
propriété commune : ces gains, l'associé s'est engagé à les
procurer à la société; ils sont la représentation du travail et des
soins personnels qu'il s'est engagé à donner à la chose commune. L'accomplissement de cette obligation ne peut pas le
mettre à couvert de la responsabilité de ses fautes; or, tout ce
qui est acquis par le cessionnaire, le cédant le doit à la société
de la même manière que si le gain était le produit de son
travail personnel; il doit également compte à la société des
fautes de son cessionnaire comme des siennes propres.

La société formée entre le croupier et son cédant a une
existence séparée de celle de la société primitive; on ne peut
pas nier cependant que des liens nombreux les rattachent
l'une à l'autre: ainsi, que la société mère se dissolve par la
renonciation ou par la mort d'un associé, il est bien certain
que l'autre se dissoudra en même temps; mais si la société
latérale ne peut survivre à l'autre, peut-elle au moins se dissoudre avant elle? Gatus répond affirmativement dans la
loi 22, *pro socio:* « Item, certum est nihil vetare, prius inter
» eum qui admiserit et eum qui admissus fuerit societatis
» judicio agi, quam agi incipiat inter cæteros et eum qui
» admiserit. » L'action *pro socio* peut s'intenter soit pendant

(1) Loi 23, *pro socio.*

la durée de la société, pour demander compte à un associé d'un acte de gestion ou d'une faute, soit au moment de la dissolution de la société, pour faire rendre des comptes d'une manière plus générale, ou même pour faire dissoudre la société. La décision de Gaïus est applicable aux deux cas. Par quelle raison voudrait-on empêcher le cédant et le cessionnaire, qui, par le concours de leurs deux volontés, ont pu donner naissance à une société, de l'éteindre par une nouvelle manifestation de leur volonté? Rien ne s'oppose donc à ce que le cédant reprenne la part qu'il avait cédée pendant que la société primitive dure encore. « Nihil tam naturale est » eodem modo dissolvi quo colligatum est. »

III.

DROIT DU MOYEN AGE.

Nous retrouvons dans le droit du moyen âge la reproduction des principes du droit romain sur la cession d'intérêt; comme dans le droit romain, elle donne naissance à une nouvelle société, dont l'existence est distincte de celle de la première. Les rapports du croupier et du cédant se règlent aussi par les principes exposés ci-dessus; nous les trouvons appliqués dans la décision 27 de la rote de Gênes. Une société avait été contractée entre Thomas, Augustin et Jérôme N.; ce dernier s'était associé dans sa part Bernard. La rote décida que Bernard était seulement l'associé de Jérôme. « Qui » quidem Bernardus, ipsius Hieronymi tantum, non autem » Thomæ nec Augustini socius erat censendus. Si enim so- » cius meus admittit in societate alium socium, admissus » non mihi, sed illi socius est; nam socii mei socius non est » meus, inquit jurisconsultus in lege qui admittitur pro » socio. » C'est, il faut bien le reconnaître, que le système des lois romaines sur ce sujet et sur bien d'autres a pour lui l'autorité de la raison et celle de la justice. Aussi ne doit-on pas s'étonner de voir Pothier adopter et développer les mêmes principes dans son Traité du contrat de société : Chacun des associés, dit-il, n'ayant le droit de disposer des effets de la société que pour la part qu'il a dans cette société, c'est une conséquence qu'il peut bien, sans le consentement de ses associés, s'associer un tiers à la part qu'il a dans la société, mais qu'il ne peut pas, sans le consentement de ses associés, l'associer à la société (1). Le titre de la société, dans le Code Napoléon, en adoptant la manière de voir des jurisconsultes romains et de ceux du moyen âge, est venu prouver une fois de plus leur sagesse et leur habileté. Notre droit moderne est le résumé de l'expérience de vingt siècles. Ainsi, lors de la confection du titre des sociétés, le législateur ne marchait pas dans une voie nouvelle; la science immense des juris-consultes du moyen âge, le développement du mouvement commercial avaient depuis longtemps déterminé la nature de la société et fixé les principes du droit. Il ne faut pas croire cependant que les modernes n'aient eu qu'à copier servilement les anciens; nous verrons que la société a pris depuis deux cents ans de nouvelles allures; le cercle pour elle s'est agrandi; la loi moderne est allée chercher dans la société par actions un moyen de concilier l'association avec les idées de liberté et d'action individuelles qui sont le cachet de notre époque. Nous trouvons bien, même dans le moyen âge, quelques exemples de ces sortes d'associations dans les-quelles le capital, étant divisé, donne à la société plutôt le caractère d'une réunion de capitaux que celui d'une réunion de personnes ; les républiques d'Italie nous en fourniront des exemples; mais ce n'est que vers le quinzième siècle que

_____

(1) On retrouve la même décision dans Despeisses, *De la société.*

ces sortes de combinaisons ont pris une certaine généralité
et sont devenues dans la main des négociants la principale
source de la richesse mobilière, le fondement du crédit moderne. Nous nous en occuperons en temps et lieu; exami-
nons d'abord les effets de la cession dans les sociétés civiles
ou commerciales, dans lesquelles aujourd'hui encore on tient
plus de compte de la personne des associés que des capitaux
qu'ils apportent à la société.

IV.

DROIT MODERNE.

De la cession d'intérêt dans les sociétés où l'on tient plus de compte
de la personne des associés que des capitaux.

Le système du Code Nap. à cet égard n'est que la reproduction des principes du droit romain; nous l'avons déjà dit
plus haut. Pénétrons cependant dans les textes; nous allons
voir l'art. 1861 permettre d'un côté la cession d'intérêt, et défendre de l'autre la substitution du cessionnaire au cédant
dans la société, sans le consentement des associés. Art. 1861:
Chaque associé peut, sans le consentement de ses associés,
s'associer une tierce personne relativement à la part qu'il a
dans la société; il ne peut, sans ce consentement, l'associer à
la société, lors même qu'il en aurait l'administration.

Cet article prévoit deux cas: dans le premier, un des associés cède une portion de son intérêt ou la totalité de son
intérêt dans la société, pour former avec l'acquéreur une
seconde société distincte de la première. Son intention n'est
pas de faire de son cessionnaire l'associé de ses associés; il
peut faire cette cession sans le concours du consentement
de ses associés, parce que c'est là une opération qui ne touche

en rien à leurs intérêts; ils restent étrangers au cessionnaire ou croupier, et peuvent même ignorer la cession.

Entre le croupier et le cédant, une nouvelle société s'est formée; elle aura ses droits et son administration séparés; son capital, c'est l'intérêt du cédant dans la société primitive, c'est le capital qu'il y a placé, son droit à une part dans les bénéfices.

M. Duvergier, dans son Commentaire sur les sociétés, n° 375, s'est demandé si le contrat qui intervient ainsi entre l'associé et le participant est un véritable contrat de société, ou s'il ne constitue pas plutôt un simple rapport de communauté; et c'est cette dernière opinion qu'il a soutenue, en s'appuyant sur ce motif singulier que, dans une convention de ce genre, il n'y a pas de chose commune. La première objection que l'on puisse faire pour combattre un semblable système, c'est que, s'il n'y a pas de chose commune, ainsi que le prétend cet estimable auteur, il ne saurait pas plus y avoir de communauté que de société, encore moins peut-être. On concevrait à la rigueur que deux individus pussent former une société sans qu'il y eût actuellement une chose commune, par exemple s'ils s'associaient dans le but de mettre en commun entre eux les donations seulement qui pourraient leur être faites dans l'avenir; le capital, ici, ce serait l'espoir de donations à venir. Mais concevoir une communauté sans chose commune actuellement existante, cela est tout à fait impossible, parce que la communauté ne s'établit pas, comme la société, et c'est là ce qui les distingue l'une de l'autre, par le consentement des parties, mais par la possession indivise d'une chose ou d'un droit quelconque, indivision toujours accidentelle, en dehors de la volonté des parties.

Mais, en réalité, nous trouvons dans le fait de la cession d'intérêt tous les éléments qui constituent une véritable société : d'abord la volonté de l'associé n'est pas douteuse, puisque la cession ne s'opère que par le consentement des parties de mettre en commun entre elles l'intérêt que l'une a déjà dans la société. Quant à la chose commune, il faudrait être aveugle pour ne pas la voir : c'est le droit que le cédant a dans la société, droit de propriété sur une partie du capital, lorsqu'il a fait dans la société un apport matériel quelconque, droit à une part dans les bénéfices. Décider avec M. Duvergier que la cession constitue un simple rapport de communauté, ce serait accuser d'une erreur bien grave et les jurisconsultes romains, et les commentateurs anciens et modernes, Pothier, et le Code Napoléon lui-même, qui ont toujours considéré la cession d'intérêt comme donnant naissance à une véritable société. Il n'y a pas à douter en effet, si l'on considère les termes mêmes de l'article 1861, que notre législateur a bien vu là un véritable contrat de société.

Maintenant que nous voilà fixés sur la nature de la convention, essayons d'en déterminer les effets. Il est bien certain qu'une telle cession ne saurait avoir d'autre effet que de donner au croupier le droit de partager avec son cédant les bénéfices que celui-ci retirera de la société, et qu'elle ne saurait produire aucune communication de gains ou de pertes entre le croupier et les autres associés. Rien n'est donc changé dans la condition de la société, et les rapports des associés entre eux seront les mêmes qu'avant la cession. Si le cédant s'était engagé par le pacte social à fournir son industrie, ou à représenter la société dans un certain lieu ou pour certaines négociations déterminées, il continuerait à être tenu, vis-à-vis de ses associés et du cessionnaire, de remplir ces obligations, et il serait responsable, comme avant, de ses fautes et de la négligence dont il se serait rendu coupable dans son administration ; il se sera de plus obligé, vis-à-vis de son cessionnaire, à lui transmettre la part des gains à laquelle la cession lui aura donné droit. Outre la communication des gains, le cédant devra encore être responsable, vis-à-vis du croupier, des fautes de ses associés, c'est-à-dire qu'il devra indemniser son croupier du dommage que ces fautes lui auront causé, parce qu'il a lui-même une action en indemnité contre ses associés. Mais il ne serait pas responsable de l'insolvabilité des associés, parce que le croupier les a acceptés au moins pour débiteurs éventuels ; c'est en quelque sorte une créance qu'il a achetée, et le vendeur d'une créance n'est pas responsable de la solvabilité du débiteur (Code Napoléon, article 1694) ; par conséquent, si l'action qu'il a contre eux ne devait rien produire, il ne devrait rien à son croupier ; il aurait aussi le droit de céder son action à celui-ci, pour s'éviter la peine de l'exercer lui-même et de rendre ensuite compte de ce qu'il aurait obtenu. S'il négligeait d'exercer contre ses associés ses actions en indemnité, le croupier pourrait, en vertu de l'art. 1166, les exercer lui-même.

Jusqu'ici nous avons donné au croupier un rôle tout à fait passif ; nous allons maintenant lui voir jouer un rôle actif. Il se peut, en effet, qu'un associé ne se soit ainsi donné un participant que pour se décharger d'une partie du fardeau de l'administration, et avoir par ce moyen un auxiliaire intéressé à bien administrer. Dans ce cas, le croupier joue, vis-à-vis des autres associés, le rôle d'un mandataire du cédant ; c'est de lui seul qu'il tient son pouvoir et son mandat, c'est la volonté de celui-ci qui l'a institué, c'est un autre lui-même ; il doit donc être responsable, vis-à-vis de ses associés, des fautes dont ce mandataire se sera rendu coupable, absolument comme des siennes propres. Il pourrait bien, lui aussi, céder à ses associés l'action en indemnité à laquelle ces fautes lui auraient donné droit contre son croupier ; mais, dans le cas où celui-ci ne pourrait indemniser complétement la société, le cédant serait personnellement obligé de compléter l'indemnité, car seul il doit supporter les fautes d'un man-

dataire que seul il a choisi : « Quia difficile est negare culpa
» ipsius admissum. »

Pourrait-il, au moins, compenser avec le gain que le
croupier a procuré à la société la perte qu'il lui a occasionnée
par sa faute? Nous avons déjà vu précédemment qu'après
quelques hésitations, le droit romain avait déjà tranché cette
question négativement. C'est en s'appuyant sur les raisons
données par les jurisconsultes de Rome que Pothier avait cru
devoir admettre la même solution. Aujourd'hui l'art. 1850 du
Code Napoléon ne permet plus le doute : chaque associé est tenu
envers la société des dommages qu'il lui a causés par sa faute,
sans pouvoir compenser avec les dommages les profits que
son industrie lui aurait procurés dans d'autres affaires.

On doit considérer ici la faute du croupier comme celle de
l'associé lui-même.

L'associé cédant peut aussi être actionné par ses associés,
pour se voir condamner à verser dans la caisse sociale les bénéfices obtenus par les actes de gestion du croupier, ou à
restituer les sommes dont celui-ci se serait emparé au détriment de la société. Le croupier étant étranger à la société,
les associés n'auraient pas d'action directe contre lui pour
l'obliger à rendre ses comptes, mais ils pourraient exercer
contre lui l'action du cédant, dans le cas où le cédant refu-
serait de l'exercer lui-même.

Le croupier doit toujours être un étranger pour les associés; vis-à-vis d'eux, la cession ne doit produire aucun effet.
Supposons donc que, par des conventions postérieures à la
cession, le cédant ait consenti, dans l'intérêt de ses associés,
des actes propres à diminuer ses droits sociaux; évidemment
le croupier aurait contre lui une action en indemnité; mais
aurait-il le droit de faire annuler ces actes? Nous ne le pensons pas, à moins cependant que ces actes n'eussent été faits
frauduleusement et dans le but de lui nuire, et qu'il ne

prouvât la complicité des associés. Cette décision n'est applicable que dans le cas où la cession n'a pas acquis date certaine (1). Nous allons voir tout à l'heure que le cessionnaire n'est pas obligé de signifier l'acte de cession à la société pour être saisi vis-à-vis des tiers; il fera bien cependant de faire cette signification, parce qu'elle aura au moins pour effet de constituer de plein droit les associés de mauvaise foi, dans le cas où ils feraient avec son cédant des conventions capables de porter atteinte à ses droits.

On s'est demandé si une signification de la cession doit être faite à la société pour saisir le croupier vis-à-vis des tiers de tous les droits de son cédant. Quelques auteurs, notamment M. Pardessus, n'ont vu dans l'intérêt cédé qu'une simple créance, et ont cru devoir exiger, pour saisir le croupier, une signification, conformément à l'art. 1690 du Code Nap. Le cessionnaire, dit cet article, n'est saisi à l'égard des tiers que par la signification de transport faite au débiteur.

Voici comment M. Pardessus s'exprime à ce sujet : « De » quelque manière qu'un associé cède ses droits à un tiers, » comme l'intérêt dans la société est évidemment une » créance, une chose incorporelle, le participant qui veut » se prémunir contre la possibilité d'oppositions que pour-» raient faire ou de prétentions que pourraient élever, aux » époques de payement des dividendes ou de la liquidation, » les créanciers de son cédant, n'a d'autre parti à prendre » que de signifier à la société l'acte de cession ou de sous-» association dans la forme indiquée n° 313. »

Nous ne saurions admettre cette solution. La signification du transport d'une créance, exigée par l'art. 1690, a pour but, en effet, de prévenir le débiteur qu'il a changé de créancier; elle a pour effet principal de lier le débiteur au nouveau

(1) Pardessus, t. IV, n° 974.

créancier. Le lien de droit qui existait entre le débiteur et
le créancier existe maintenant entre le débiteur et le nouveau créancier. Or, ici la signification de la cession d'intérêt
ne saurait avoir ce résultat, parce qu'elle ne saurait lier la personne de la société au cessionnaire. La société, en effet, ne
peut ni ne veut devenir son obligée; elle ne reconnaît pour
créancier que le cédant, et la nature du contrat de société ôte
à celui-ci la faculté de se substituer un tiers. La société n'admet donc pas le croupier comme son créancier; elle n'a avec
lui aucun rapport direct. Cette signification, à laquelle on refuse le pouvoir de transporter la créance de la personne de
l'associé cédant sur celle du cessionnaire, est donc tout à fait
inutile, puisqu'elle ne produit aucun effet. Ainsi la signification de la cession n'enlève pas aux tiers créanciers de l'associé cédant le droit d'exercer ses actions contre la société,
puisque la société continue à être sa débitrice; d'ailleurs, ce
n'est pas là un véritable transport de créances, puisque la
cession comprend tout à la fois des créances contre la société
et un droit de propriété sur les choses sociales.

Comment donc le croupier sera-t-il mis à l'abri de l'action des créanciers de son cédant? D'une manière bien
simple : il aura droit de leur opposer la cession qui lui aura
été faite dès qu'elle aura acquis date certaine, absolument
comme il leur opposerait la vente d'un objet quelconque appartenant à son cédant, dès que cette vente aurait acquis date
certaine. A partir de ce moment, en effet, il n'aura pas à
craindre le concours des créanciers de son cédant, parce qu'il
sera devenu exclusivement propriétaire de la part cédée. C'est
un gage qui échappe à l'action des créanciers, parce qu'en
vendant sa part d'intérêt dans la société, l'associé n'a fait
qu'exercer un droit qui lui appartient, celui de vendre tout
ce qu'il possède. On le voit, nous ne sortons pas ici des principes du droit commun.

Si l'actif social comprenait des créances contre des tiers au moment de la dissolution de la société, et que par le partage ces créances formassent le lot du croupier, on retomberait sous l'application de l'art. 1990, et le croupier devrait, pour être saisi à l'égard des créanciers de son cédant et pouvoir leur opposer sa cession, faire aux débiteurs signification de son acte de cession. On conçoit que, dans ce cas, il s'agira réellement du transport d'une créance, cas prévu par l'article 1990, et la signification aura pour effet de transférer au croupier tous les droits de son cédant. A partir de ce moment, il sera bien et dûment devenu créancier, et c'est seulement par un payement fait entre ses mains que les débiteurs seront libérés.

Ces principes vont nous donner la solution de différentes questions qui peuvent surgir par le concours de plusieurs cessionnaires. Il peut arriver, en effet, que l'associé, après avoir fait une première cession, en fasse une seconde. Quel sera celui des cessionnaires qui sera préféré? Il faut appliquer ici les règles du droit commun, et décider que celui-ci aura la préférence dont l'acte de cession aura le premier acquis date certaine. L'associé pourrait également, après avoir cédé une partie de ses droits dans la société, vendre ses droits de propriété sur un ou plusieurs objets de la société. Cette vente compromet évidemment les intérêts du cessionnaire (1).

(1) M. Pardessus, n° 974, soutient que le cessionnaire ne saurait être admis à faire annuler les conventions intervenues entre le cédant et ses associés, lorsqu'elles sont de nature à diminuer ses droits dans la société, à moins que le cessionnaire ne prouvât que ces actes ont été faits dans le but et avec le résultat de lui nuire.

Nous ne saurions nous ranger à cet avis; les associés ne sont que des tiers auxquels la cession est opposable dès qu'elle a acquis date certaine. A partir de ce moment, le cédant n'a pu transférer aucun droit sur des choses qui ont cessé de lui appartenir. Sans

Veut-on en connaître les effets? Deux cas sont à considérer:
1° l'acte de cession a acquis date certaine; alors il est opposable aux tiers; la cession a compris nécessairement une part dans la propriété des choses sociales, l'associé n'a pu vendre ce qui avait cessé de lui appartenir; la vente est nulle vis-à-vis du participant; 2° l'acte n'a pas acquis date certaine; alors la cession ne saurait être opposée aux tiers acquéreurs; le cessionnaire ne pourrait faire annuler la vente, il aurait seulement son recours contre le cédant. C'est ce qui a été jugé par la Cour de cassation, le 26 mai 1841, dans une espèce qui

doute la cession n'a pas eu pour effet de faire du cessionnaire un associé, mais elle l'a rendu propriétaire des choses cédées, et il peut opposer à tout le monde son droit, dès que l'acte a acquis date certaine. Qu'importe après tout qu'il ne soit pas associé? en est-il moins propriétaire? Le cohéritier, le communiste qui vend sa part dans l'hérédité ou la communauté pourrait-il par des conventions renoncer à ses droits au profit de ses cohéritiers, après avoir cédé déjà ses droits à un tiers? Personne n'oserait le soutenir. Je sais bien que les deux cas ne sont pas identiques, puisque dans le premier le cessionnaire ne doit avoir aucun rapport avec les associés primitifs, tandis que dans le second il est entièrement substitué aux droits de son cédant; mais cela prouve tout simplement qu'il faut distinguer dans les actes de l'associé cédant. En effet, ses droits sont de deux natures, ils ont une double face: il a d'abord sa qualité personnelle d'associé, puis sa qualité de copropriétaire. Il ne saurait se dépouiller de la première, qui est essentiellement attachée à sa personne; quant à la seconde, il peut la transférer à autrui. Toutes les fois qu'il aura agi comme copropriétaire, ses actes seront opposables aux associés. La cession d'intérêt se range dans cette sorte d'acte. Toutes les fois, au contraire, qu'il ne sera question que de sa qualité personnelle d'associé, comme la cession n'aura pas eu pour effet de la lui enlever, il est évident que le cessionnaire ne sera pas admis à faire annuler les actes qu'il aura consentis au profit de ses coassociés.

mérite d'être rapportée, et à propos de laquelle nous aurons
à examiner les effets de la cession d'intérêt dans les sociétés
en participation.

L'associé qui s'est sous-associé un tiers a capacité pour
vendre les objets dépendant de la part commune dont il a
conservé l'administration et la disposition comme propriétaire apparent. Le sous-associé n'est pas fondé à demander
la nullité de ces ventes jusqu'à concurrence de sa part d'intérêt; il ne peut que demander compte à l'associé principal.

Dans le même cas, le sous-associé ne serait pas recevable à
prétendre que la vente ne peut faire obstacle à l'exercice de
ses droits, sous prétexte qu'elle n'a pas porté sur un corps
certain et déterminé, en ce que les choses vendues faisaient
partie d'une part indivise dans l'association principale, si
d'ailleurs la vente a été faite avec indication précise de la
quotité vendue et du lieu où elle se trouvait.

Le sieur Dennechaud, intéressé pour 2|6 dans une société
formée pour le desséchement du marais de Donges, s'était
verbalement associé le sieur Ganhil. Il paraît que, d'après les
conventions intervenues entre eux, le sieur Dennechaud se ré-
serva l'administration de la part d'intérêt dans l'association
générale qui faisait l'objet de leur association particulière,
avec le droit de disposer de la chose commune, dont il restait
propriétaire apparent, en l'absence de tout acte qui mani-
festât aux tiers l'association qui s'était formée entre lui et le
sieur Ganhil.

En cet état de choses, le sieur Dennechaud vendit en 1812,
1819, 1820 et 1824, aux sieurs Lavigne, Lebec et Allegret, des
quotités fixes des 2|6 qui lui appartenaient dans les marais de
Donges.

Plus tard des difficultés s'élevèrent entre les sieurs Dennechaud et Ganhil, ensuite desquelles celui-ci forma contre son
associé une demande tendant à faire reconnaître ses droits

dans la part sociale qui faisait l'objet de leur association particulière, et il intervint, le 25 juin 1833, un jugement qui décida que le sieur Ganhil était associé du sieur Dennechaud, et qu'il avait droit en cette qualité aux trois quarts de l'un des sixièmes appartenant au sieur Dennechaud dans l'association générale.

Alors le sieur Ganhil a formé contre les sieurs Lebec et Allegret une demande en nullité des ventes qui leur avaient été consenties par le sieur Dennechaud, comme ayant pour objet une chose dont celui-ci n'était pas seul propriétaire.

Jugement qui rejette cette demande; appel du 13 mars 1838; arrêt de la Cour royale de Rennes qui confirme :

Considérant que l'association verbale qui a été formée en 1812 entre Ganhil aîné et Dennechaud, pour un intérêt que celui-ci possédait dans l'entreprise du desséchement des marais de Donges, n'est constatée par aucun acte public ou patent ayant date certaine; que son existence est reconnue par un jugement du 25 juin 1833, rendu entre Dennechaud et Ganhil; qu'à cette dernière époque Allegret et Lebec étaient propriétaires en vertu d'actes sous seing privé et d'actes notariés, dont le plus récent remonte au 11 juin 1824; que le jugement invoqué par Ganhil ne lui confère la propriété d'aucune portion déterminée dans les terrains objet de l'entreprise, mais condamne Dennechaud à lui rendre compte de son intérêt dans l'association; qu'il résulte en outre de la correspondance invoquée par Ganhil que Dennechaud était administrateur de cette société particulière, qu'il pouvait disposer de la chose commune, qu'il en était seul propriétaire apparent; qu'ainsi, en supposant que dans les cessions faites à Allegret et Lebec se trouvât comprise la portion indivise, celui-ci n'avait qu'une action en reddition de compte contre Dennechaud, et que c'est cette action seulement qui a été accueillie par le jugement du 25 juin 1833.

Pourvoi en cassation par le sieur Ganhil : 1° pour défaut de motifs, en ce que l'arrêt attaqué n'aurait pas motivé le rejet d'un moyen que le demandeur prétendait avoir pris de ce que les ventes étaient nulles comme ayant pour objet une chose indéterminée ; 2° pour violation de l'art. 1583 C. civ., en ce que la part du sieur Dennechaud dans les marais de Donges étant incertaine et indéterminée lors des ventes par lui faites, la vente n'avait pas porté sur un corps certain et déterminé ; de telle sorte qu'en supposant les ventes valables entre le vendeur et les acheteurs, elles ne pouvaient être opposées au demandeur en cassation, puisque l'indétermination de l'objet vendu empêchait que les ventes pussent s'appliquer aux choses qui lui appartenaient.

ARRÊT.

La Cour, sur le premier moyen, attendu que l'arrêt, appréciant les titres du demandeur en cassation, a déclaré qu'ils n'avaient acquis de date certaine qu'en 1833, c'est-à-dire neuf ans après ceux qui avaient été souscrits au profit des défendeurs éventuels, et que, dans tous les cas, ils n'établissaient rien autre chose qu'une société en participation entre Ganhil et Dennechaud, dont celui-ci était le gérant ; d'où il suit que le demandeur ne pouvait critiquer les actes faits par son mandataire, et n'avait que le droit de lui demander compte de l'exécution de son mandat ;

Attendu que ce motif suffirait pour répondre aux griefs que présente le second moyen ;

Mais vu l'art. 1583 du C. civ. ; attendu que Dennechaud a vendu à Allegret et Lebec une portion fixe dans la part qui lui revenait dans les marais de Donges ; qu'il a désigné la chose vendue, spécifié le lieu où elle se trouvait, et indiqué la quantité de journaux de terre dont elle se composait ; que

par conséquent il a vendu une chose parfaitement déterminée, et que la cession postérieure qu'il a pu faire à Ganhil
ne saurait prévaloir contre des actes authentiques antérieu-
rement faits ;

Attendu qu'en le jugeant ainsi et en se basant sur l'inter-
prétation des actes, l'arrêt n'a pas violé les art. 1250 et 1134,
et a fait une juste application de l'art. 1583; — rejette, etc.

26 mai 1841.

En cédant ainsi son intérêt dans la société, l'associé a usé de
son droit d'aliéner les choses qui lui appartiennent; ses créanciers n'ont pas à se plaindre, c'était à eux de prendre leurs
mesures.

Mais supposons maintenant qu'il s'agisse d'une société en
participation, et, pour plus de clarté, prenons un exemple :
Primus et Secundus ont formé une société en participation
pour acheter le chargement d'un navire arrivé dans le port;
Secundus cède, moyennant une somme quelconque, une partie de son intérêt à Tertius. La société a fait de brillantes affaires; les partages ont été effectués; Secundus est encore en
possession des bénéfices et du capital qui lui a été confié par
Tertius, lorsque ses créanciers viennent saisir ses biens ; la
cession de Tertius a acquis date certaine; pourra-t-il l'opposer aux créanciers de Secundus et se prétendre propriétaire d'une partie des bénéfices et du capital qu'il avait
confié à Secundus? Non; dans une société en participation,
chacun des participants agit de son côté comme personne
privée, *nomine proprio*, et non pas dans le nom de la société.
Les tiers qui traitent avec le participant voient dans l'actif
réalisé entre ses mains par ses coparticipants une propriété
qui lui est propre. Par sa nature, la société en participation
doit rester inconnue des tiers; elle ne crée ni un être moral,
ni un patrimoine commun; en conséquence, un participant
n'a, pour obtenir le remboursement de ses fonds, aucun droit

de préférence vis-à-vis des tiers sur l'actif de son coparticipant. (Sirey, 1811, 2, 201.)

Dans notre espèce, Tertius a acquis vis-à-vis de Secundus, au moyen de son versement, un droit à une quotité des bénéfices et la propriété d'une part dans l'actif social, ou, pour parler d'une manière plus exacte, le droit de prélever le capital qu'il a fourni; mais il ne saurait se prévaloir de sa cession vis-à-vis des tiers, parce que Secundus était le gérant de la participation, que les tiers qui ont traité avec lui, n'ayant dû connaître ni l'existence de la société ni celle de la cession, l'ont considéré comme propriétaire exclusif de tout l'actif dont il était saisi. La cession n'a pas eu pour effet vis-à-vis des tiers de dépouiller Secundus de son droit dans la société, puisque pour eux la société n'existe pas. La cession, dans ces sortes de société, n'a donc pour effet que d'obliger le cédant à communiquer les gains à son cessionnaire et à lui rembourser le capital qu'il a fourni; vis-à-vis des tiers, cette cession ne saurait avoir d'effet.

V.

Nous passons maintenant à l'examen de la seconde disposition de l'art. 1861.

Chaque associé ne peut, sans le consentement de ses associés, associer une tierce personne à la société, lors même qu'il en aurait l'administration.

On voit que cette hypothèse diffère essentiellement de celle dont nous venons de nous occuper. Il ne s'agit plus ici de créer une société à côté d'une autre société qui existe déjà, mais de transférer à un étranger la qualité d'associé. N'oublions pas que la formation de la société, comme celle de tous les contrats, a pour base la volonté des parties; qu'en contractant une société on prend toujours la personne en considération; qu'il est de l'essence de la société que les associés se choisissent ; l'admission d'un étranger ne saurait donc avoir lieu que par leur consentement unanime. Ce principe, en droit romain, était regardé comme de l'essence de la société, à ce point qu'il n'était pas même permis de s'y soustraire par des conventions spéciales. Nos lois ne sont plus aussi sévères, et la faculté de se substituer un tiers dans la société en lui cédant son intérêt pourrait être accordée à chaque associé par une disposition spéciale du contrat. L'article 1868 du Code Nap. permet en effet de stipuler qu'en cas de mort de l'un des associés, ses héritiers lui succéderont et deviendront membres de la société. Permettre aux associés de stipuler qu'après leur mort la société continuera avec leurs héritiers, n'est-ce pas leur permettre de stipuler aussi qu'ils seront libres de mettre à leur place un étranger dans la société ? Cela est tellement vrai, qu'à Rome l'une et l'autre clause étaient prohibées, parce qu'on ne voulait pas permettre à un associé d'introduire dans la société des personnes incertaines. Quand la faculté de céder ainsi sa place dans une société est accordée aux associés par l'acte social, il suffit au cessionnaire de signifier à la société la cession qui lui a été faite, pour qu'il devienne membre de la société au lieu et place de son cédant, dont les droits s'évanouissent. Dans cette hypothèse, la signification est nécessaire pour transférer les droits du cédant au cessionnaire, pour empêcher la société de se libérer en payant entre les mains du cédant. Après cette signification, la cession est opposable aux tiers, parce qu'elle a eu pour effet de produire une novation, de saisir le cessionnaire de tous les droits et actions du cédant. Nous retombons ici dans le droit commun; c'est l'article 1990 qui est applicable.

Dans le cas d'admission d'un nouvel associé, celui-ci est tellement substitué à l'ancien, que c'est par sa mort, non par celle du cédant, que se dissoudrait la société. Nous avons déjà traité cette question en droit romain, mais aujourd'hui elle ne présente pas tout à fait la même physionomie. L'admission d'un nouvel associé ne pouvait avoir lieu à Rome que par le consentement actuel de tous les associés; à proprement parler, il n'y a pas remplacement d'un associé par un autre, mais dissolution d'une société qui existe, et formation à sa place d'une autre société. Ce n'est que dans ces conditions que l'admission pouvait avoir lieu, parce que les associés, consultés sur l'admission, pouvaient connaître la personne proposée. Chez nous, au contraire, la loi permettant de stipuler à l'avance que l'un des associés ou tous ensemble auront le droit de mettre à leur place des étrangers dans la société, cet examen auquel les associés pouvaient se livrer à Rome n'est plus possible; c'est bien une personne incertaine, inconnue, qui pourra être appelée à faire partie de la société. Une telle clause exclut nécessairement le choix; il semblerait donc tout naturel de penser que, lorsqu'elle existe, la société ne doit être dissoute ni par la mort de l'associé primitif, ni par celle du cessionnaire, mais que les héritiers de l'un ou de l'autre doivent leur succéder. Il n'y a pas plus de danger, en effet, de voir continuer la société avec les héritiers, que de laisser à un associé le droit de se substituer un tiers.

Au lieu de donner ainsi à chaque associé la liberté de faire rentrer à sa place un étranger dans la société, on aurait pu stipuler qu'il serait d'abord obligé d'offrir sa part à ses coassociés. Cette clause aurait pour effet d'empêcher le cessionnaire de devenir membre de la société, toutes les fois qu'on ne s'y serait pas conformé; mais la cession n'en serait pas moins valable; seulement le cessionnaire ne serait qu'un croupier; on tomberait dans la première hypothèse de l'article 1861. Les associés n'auraient pas le droit d'exclure le participant en demandant la préférence pour la société, parce

5

qu'en n'accordant pas à l'associé le droit de se substituer un tiers dans la société, on n'a pu lui enlever le droit de s'associer un tiers et de former avec lui une société spéciale. En agissant ainsi, l'associé n'a fait qu'user de son droit sans contrevenir en rien aux statuts de la société. Il en serait autrement si l'on eût stipulé que l'associé n'aurait pas même le droit de s'associer un tiers comme participant sans avoir fait préalablement l'offre de la cession de sa part à la société ; dans ce cas, si la cession eût été faite à un tiers sans offre préalable à la société, il serait permis à celle-ci d'évincer le participant et de prendre sa place aux mêmes conditions. Les droits du cessionnaire ne seraient nullement blessés par cette éviction, parce qu'en achetant la part de l'associé, il devait connaître les statuts sociaux, et savoir à quoi il s'exposait. Les associés pourraient encore stipuler que la société, au lieu de se dissoudre par la mort de l'un d'eux, continuerait encore entre les survivants, sans toutefois continuer avec les héritiers de l'associé prédécédé ; dans ce cas, les héritiers exclus de la société, et obligés de se laisser rembourser par les associés survivants, font à la société une sorte de cession forcée de leur intérêt dans la société.

VI.

Jusqu'ici nous n'avons considéré la cession d'intérêt que dans une société en activité ; supposons maintenant que la cession soit faite au moment où les associés sont sur le point de partager entre eux l'actif social, ou pendant la liquidation de la société. Quels que soient les statuts de la société, que le cessionnaire remplace le cédant, ou qu'il ne soit qu'un simple croupier, devra-t-on, en combinant les articles 1872 et 841 du Code Napoléon, admettre au profit des autres associés le retrait successoral ?

Lorsque l'un des successibles cède son droit à un étranger,

celui-ci acquiert du chef de son cédant la faculté d'exercer l'action en partage et de s'immiscer dans toutes les opérations qui le préparent ou le consomment. La présence d'un étranger aux opérations du partage présente un double danger :

1° Le partage est par sa nature une opération compliquée et féconde en procès, quand ceux qui y prennent part, loin d'y apporter cet esprit de conciliation qu'inspirent ordinairement les rapports de famille, ne s'y présentent que dans un esprit de lucre. Or, ceux qui achètent des droits de succession ont un but bien connu, celui de retirer de leur marché le plus grand profit possible. Voilà un premier motif pour accorder aux héritiers le droit de les écarter du partage en les rendant indemnes.

2° En assistant aux opérations du partage, le cessionnaire, qui a le droit de tout étudier, de tout connaître, peut surprendre certains faits de nature à compromettre l'honneur du défunt ou le crédit de la famille.

Ainsi, prévenir d'une part les difficultés et les dissensions que la présence d'un étranger au partage pourrait faire naître, empêcher d'autre part un spéculateur de pénétrer dans l'intérieur des familles et de connaître leurs secrets, voilà le but du retrait successoral.

La présence d'un étranger au partage des biens de la société offre-t-elle les mêmes dangers? Évidemment non. La société finie, les associés sont étrangers les uns aux autres, et la loi n'a pas le même intérêt à voir régner la bonne harmonie entre des étrangers qu'entre les membres de la même famille. D'ailleurs, cet esprit de spéculation qui fait éloigner l'étranger du partage de la succession, c'est l'esprit des associés, puisque la société n'a été formée que dans le but de procurer des bénéfices aux associés. Cet esprit ne sera pas plus dangereux dans un étranger que dans un associé.

Les principes que nous avons développés jusqu'ici s'appliquent aussi bien aux sociétés civiles qu'aux sociétés commerciales. Nous allons passer maintenant à l'examen d'une condition exigée dans les sociétés commerciales seulement pour qu'un étranger puisse être substitué valablement à un associé vis-à-vis des tiers ; je veux parler de la publicité exigée par l'art. 46 du Code de commerce.

VII.

Dans notre très-ancienne jurisprudence, la société pouvait se former de deux manières : expressément ou tacitement. L'écriture n'était pas exigée pour prouver l'existence de la société expresse, et l'on avait recours à toutes sortes de preuves lorsqu'il y avait contestation; quant à la société taisible, c'était la société *re* des jurisconsultes romains; elle se formait par la mise en commun d'une chose. L'article 101 de la coutume de Troyes s'exprime ainsi : « Quand aucunes personnes nobles ou franches personnes usant de leurs droits, vivent ensemble à un commun pot, sel et dépense, en mélange de biens par an et jour, ils sont réputés unis et communs en biens meubles et conquêts, s'il n'appert du contraire. »

L'ordonnance de Moulins, en prescrivant l'écriture pour la preuve des contrats, fit disparaître les sociétés taisibles de la plupart des provinces; l'art. 1834 du Code Napoléon en a fait disparaître les dernières traces, en exigeant que toutes sociétés dont l'objet est d'une valeur de plus de cent cinquante francs soient rédigées par écrit. M. Dupin, dans une excursion récente dans le Nivernais, où les sociétés taisibles étaient anciennement très-nombreuses, en a cependant rencontré encore une qui a résisté à tous les changements survenus dans la législation et dans les mœurs.

La publicité n'était pas plus obligée pour les sociétés commerciales que pour les sociétés civiles; exempte de formalités, leur formation n'exigeait que le consentement des parties. Comment aurait-on pu exiger, dans de telles circonstances, la publicité pour la retraite ou le changement d'associés? Quelquefois cependant, quand le contrat de société renfermait certaines clauses extraordinaires, dérogatoires du droit commun, on lui donnait une certaine publicité, sans quoi ces clauses n'auraient pas pu être opposées aux tiers. Straccha nous en donne un exemple dans la décision 11, n° 12, de la rote de Gênes (1). La publicité, telle qu'elle est organisée aujourd'hui, n'est pas l'œuvre d'un jour. L'ordonnance de Roussillon, art. 38, donnée en 1563, l'ordonnance de Blois (2) en 1579, sont les premiers actes du législateur; elles furent suivies de l'ordonnance de 1629; mais ni les unes ni les autres ne furent exécutées, et il faut lire Savary pour avoir une idée des abus qui s'étaient glissés dans la pratique (3). L'ordonnance de 1673 sur le commerce vint enfin ramener la bonne foi dans les transactions commerciales, en établissant un système complet de publicité. Les art. 41, 42, 43, 44, 46 de notre Code de commerce ne sont que la reproduction plus ou moins exacte des dispositions de l'ordonnance. Aux termes de ces articles, toutes les sociétés commerciales doivent être rendues publiques sous peine de nullité, et l'article 46 exige la même publicité pour tout changement ou retraite d'associés.

Ainsi, quand les associés, par leur consentement unanime, permettent la substitution d'un étranger à un associé, ou quand les statuts de la société permettent à un associé de céder sa place à un tiers, celui-ci use de son droit et cède sa

(1) Voir aussi Coquille, n° 666.
(2) Néron, t. I, p. 635.
(3) Le Parfait négociant, t. I, p. 350.

place; il faut, pour que l'admission ou la cession soient valables, que l'on se conforme aux prescriptions des articles que nous venons de citer. Mais il est évident qu'il ne s'agit ici que de la retraite d'un associé que les tiers ont dû connaître, d'un associé en nom collectif par exemple, parce qu'il leur importe de savoir quelle est la solvabilité de ceux avec lesquels ils traitent. S'il s'agissait de la retraite et du changement d'un associé commanditaire, je crois que la publicité ne serait pas nécessaire, parce que, quelsque soient l'associé, et sa fortune personnelle, les tiers n'ont pour garantie que le montant de la commandite; d'ailleurs les noms des associés commanditaires n'ont pas besoin d'être publiés.

La jurisprudence admet généralement aujourd'hui que la nullité qui résulte du défaut de publicité est une nullité d'ordre public, et qu'elle ne saurait se couvrir; les associés peuvent l'invoquer les uns contre les autres (1). Dans le cas où la cession n'aurait pas été publiée conformément à la loi, la société serait réputée vis-à-vis des tiers avoir continué comme si ces changements ou modifications n'avaient pas eu lieu. L'associé cédant aurait toujours vis-à-vis d'eux conservé sa qualité d'associé. Si le cessionnaire a été mis en possession, s'il y a eu commencement d'exécution, la nullité de l'admission n'aura lieu que pour l'avenir, parce qu'on ne peut effacer le passé. Un fait ne peut être anéanti. Le cessionnaire, dans ce cas, sera responsable vis-à-vis des tiers absolument comme si la cession eût été valable.

(1) Cass., 30 janvier 1839.

VIII.

DE LA CESSION D'INTÉRÊT DANS LES SOCIÉTÉS OU L'ON TIENT PLUS DE COMPTE DES CAPITAUX QUE DE LA PERSONNE DES ASSOCIÉS.

Après avoir examiné la cession d'intérêt dans les sociétés où l'on tient surtout compte de la personne des associés, nous allons examiner la cession d'intérêt dans les sociétés qui doivent être considérées plutôt comme des associations de capitaux que des associations de personnes. Dans ces sortes de sociétés, le capital est divisé en actions, soit nominatives, soit au porteur. Personne n'ignore combien sont nombreuses aujourd'hui ces sociétés. Il semble tout naturel de croire que la division du capital d'une société en actions est un fait tout moderne, et que cette division doit être spéciale aux sociétés qui ont pour but de faire le commerce. Il n'en est rien cependant; la création d'actions a une origine très-ancienne, et ce qu'il y a de plus singulier, c'est que le premier exemple que nous en puissions citer a trait à une société civile.

Dès le xiie siècle, une société dont le capital a été divisé en actions s'est organisée pour l'exploitation du moulin du Bascle à Toulouse; elle existe encore avec son ancienne organisation, malgré toutes les difficultés qu'elle a eu à vaincre, tous les périls qui l'ont entourée depuis son berceau. Des différends étaient nés dès l'an 1177 entre le prieur de la Daurade, concessionnaire du moulin, et la société. Malgré des arbitrages et des transactions, de nouvelles difficultés s'élevèrent au commencement du xive siècle. C'est alors que les associés, pour consolider leur propriété, donnèrent à Charles V, qui accepta, une action. Aussi, dans les lettres patentes

données à Paris le 24 août 1365, se dit-il participant et parier
du moulin du Basacle. « Ad supplicationem Bajulorum et
» partionariorum molendinorum Badacli Tolosæ quorum
» nos particeps et partionarius sumus. » Cette libéralité
sauva la société.

Les associés du Basacle, qui dans les anciens titres portent
le nom de pariers, *parieri*, avaient divisé la valeur du moulin
en un certain nombre d'actions ou parts, auxquelles ils
avaient donné le n° 'uchaux, et chacun d'eux avait reçu
un certain nombr   ', suivant le montant de son intérêt dans l'affaire. Les bénéfices étaient partagés entre les
pariers, et le sont encore aujourd'hui, proportionnellement
au nombre d'uchaux de chacun. Ainsi un uchau représente
un certain droit aux bénéfices et un certain droit de propriété dans l'usine. Chaque associé avait le droit de céder
son uchau, et de mettre par cette cession un étranger à sa
place; l'uchau était donc une représentation mobilière d'un
immeuble. Qui ne reconnaîtrait là ce que nous appelons
aujourd'hui une société par actions (1)?

La société du Basacle n'est pas la seule qui nous fournisse
l'exemple de la division du capital en actions au moyen âge.
Il existe encore à Toulouse un autre moulin, celui du châ-
teau narbonnais, exploité par une société par actions dont
la création remonte au moins aussi loin que celle du Basacle; il semble même que l'on ait fait là un pas de plus,
puisque les uchaux sont divisibles en demi-uchaux, ce que

(1) Nous trouvons quelque chose qui ressemble un peu à la division du capital d'une société en actions dans le moyen ingénieux
que les Romains avaient inventé pour distribuer l'hérédité entière. Leur système consistait à attribuer à chaque héritier, quel
qu'en fût le nombre, une quotité quelconque de parts, et la valeur
de chaque part était toujours déterminée par leur nombre total.

nous appellerions aujourd'hui des coupons d'actions (1)

Les sociétés qui se constituent tous les jours sous nos yeux pour l'exploitation des mines, et qui sont aussi des sociétés civiles, nous présentent la même organisation, la même division du capital en actions, nominatives ou au porteur, cessibles à volonté, et dont la cession a pour effet de rendre le cessionnaire associé au lieu et place du cédant.

Les sociétés civiles ne sont pas les seules qui nous donnent des exemples de la division du capital en actions au moyen âge. Le temps n'était plus où la protection inefficace des lois, les luttes privées, exposant les citoyens à toutes sortes de périls, les obligeaient à chercher dans leur réunion une force qui faisait leur sécurité. L'esprit individuel commençait à renaître; ces grandes associations qui caractérisent le moyen âge disparaissaient; l'homme, initié au sentiment de sa force et de sa liberté, aspirait à l'indépendance individuelle. Il fallait donc que l'association disparût, ou qu'une nouvelle forme de société prît naissance pour concilier l'action individuelle avec l'union nécessaire des capitaux. Telle est l'origine de la société en commandite ; elle n'a plus pour but de procurer à ses membres la sécurité, mais la fortune.

Le droit romain nous offre le germe de la société en commandite dans le contrat qui intervenait entre le propriétaire d'un troupeau et le berger qui se chargeait de le garder à condition d'en partager les fruits avec le maître du troupeau.

Dans le moyen âge, ce contrat, assez usité, portait le nom de contrat de commande, commande de bestiaux. « Accom-» mandita de bestiame che fi da alla custodia altrui, a mezzo » prò è danno (2). » C'est ce que nous appelons aujourd'hui le cheptel.

(1) Voir, pour tous ces détails, Belleforêt, l. II, Cosmographie, sur Toulouse.

(2) Ducange, v° socida, soccità.

Faible à son origine, la commande aspire à de plus hautes
destinées, et se révèle bientôt sous deux autres formes: le contrat de pacotille, qui se formait lorsqu'on confiait des marchandises à quelque navigateur, en mettant en commun avec lui le
gain et la perte; le contrat de commande, qui se formait de la
même manière, mais pour un commerce de terre. Sous cette
forme nouvelle (1), la commandite remplit le moyen âge ;
elle alimente le commerce de mer et de terre. Les statuts de
Gênes, de Pise, de Marseille, les Assises de Jérusalem, en font
mention. On peut voir le texte de ces différents statuts dans
l'ouvrage de M. Pardessus. Nous nous contenterons de citer
le chapitre XVI de l'assise :

« Ce J home baille a J atre home XX besanz ou C pour
» porter sur mer, si come est jusqu'en Chypre, et ly fait co-
» venant de donner dou guaaing sa part, et il avyent que ce-
» lui qui resoit l'arvoir fait atre veàge, ce est que il vaut en
» autre part que il ot covenant, et auvient que celui vaissel
» brize, et que il perde les besanz, la raizon comande que
» il est tenu de amender ceans besanz, pour ce que il ala
» de son gré là où il n'avoit covenant de aler, et ce il avient
» que il gaignast en celui veàge, si doit avoir sa part le sire
» de l'avoir par droit et par l'assise. »

Voilà le contrat de commande parfaitement indiqué, et la
décision de l'assise est conforme aux règles du droit romain

(1) Grâce à l'association, le commerce de Venise était déjà fort
étendu en 1421. Voici comment s'exprimait le doge Mocenigo à
cette époque, en parlant des ressources financières et du commerce de la république : « Vous êtes les seuls, disait-il dans le
grand conseil, à qui la terre et les mers soient également ouvertes ;
vous êtes le canal de toutes les richesses; vous approvisionnez le
monde entier. Tout l'univers s'intéresse à votre fortune; tout l'or
du monde arrive chez vous. » Daru, *Histoire de Venise*, t. II,
p. 203-314.

sur le commodat (Inst., lib. III, 14, 52) et à la justice , parce que celui qui a ainsi confié son argent a calculé les chances de risques et de bénéfices auxquelles il l'exposait dans un certain voyage , et il ne l'eût peut-être pas confié aux mêmes conditions pour un autre voyage. Si l'entreprise réussit, il a droit néanmoins à sa part des bénéfices, parce que celui à qui était confié l'argent lui en doit compte, puisqu'il n'a pas pu priver le commanditaire des bénéfices auxquels il a droit en remplissant mal les conditions du contrat.

Le chapitre XLVI de l'assise donne encore un exemple du contrat de commande; mais nous avons cru devoir préférer celui-ci, parce que nous trouvons la commande telle qu'elle existait dès le commencement des temps modernes; l'argent ici a remplacé les marchandises. La commandite est devenue pour certains Etats une source de richesses considérables.

C'est grâce à la commandite que de hardis spéculateurs purent prêter des millions à Edouard III, roi d'Angleterre. Par la commandite, des compagnies de Lombards', à cette époque, tenaient dans leurs mains tout le crédit des Etats occidentaux. Villani, libre XI, ch. 137, cite un grand nombre de ces compagnies qui furent ruinées par la banqueroute d'Edouard, et leur ruine jeta la consternation dans Florence. « Pero che fallite le dette due colonne, che per le loro potenzia » cuando erano in buono stato, conducevano colli loro » gran traffichi, gran parte del traffico della mercatanzia dei » cristiani ed erano quasi un alimento. » Villani parle des Bardi et des Peruzzi, les deux colonnes du commerce de Florence.

C'est dans ces sociétés en commandite, si nombreuses et si puissantes déjà au XIVe siècle, que nous allons trouver d'autres exemples de la division du capital en actions.

Sous le pontificat de Paul IV, une société s'était constituée

pour affermer les impôts des États du pape, et le capital de
cette société avait été divisé en actions. C'est Straccha qui
nous l'apprend, décision 14 de la rote de Gênes : « Probatur
» etiam ex instrumento transactionis factæ cum reverenda
» camera tempore Pauli IV, quæ fuit a Grimaldis approbata ;
» probatur pariter scientia Grimaldorum ex instrumentis
» acquisitionis portionum III ducis Horatii Farnesii, et III
» Balduini del Monte (1). »

Ce qui n'était d'abord que l'exception devint bientôt la
règle. Les sociétés par actions deviennent de plus en plus
nombreuses et puissantes. Depuis la découverte du nouveau
monde, le génie du commerce semble s'être emparé de l'Eu-
rope, et l'on peut dire que, depuis cette époque, le commerce
a exercé la plus grande influence sur la civilisation. Si l'on
suit son action a travers les siècles qui se sont succédé depuis
cette mémorable époque, on reconnaît bientôt qu'il a fait con-
verger vers lui les autres éléments civilisateurs, jusqu'à
donner son nom à l'ère nouvelle.

Dès l'année 1602, la compagnie des Indes orientales
d'Amsterdam se constituait par actions. Sous le règne de
Louis XIII, la compagnie de St-Christophe ; sous Louis XIV,
la compagnie des Indes occidentales, celle des Indes orientales, dans lesquelles le roi et Colbert (2) étaient associés,
avaient divisé leur capital en actions. A cette époque, ce
n'était plus une entreprise manufacturière, un moulin qu'on
mettait en actions, c'étaient des îles et des royaumes. On
sait que toutes ces compagnies eurent une fin malheureuse ;
leur fondation était cependant une idée grande et féconde.

(1) Voir aussi les numéros 6, 83, 85 et 133 de la même décision.
(2) On trouve dans le Dictionnaire de commerce de Savary,
v° compagnie, tous les détails relatifs à l'histoire et à l'organisation
de ces sociétés.

Montesquieu a parlé avec enthousiasme de la compagnie des Indes anglaises; voici comment il s'exprime, liv. 21, ch. 21, de l'*Esprit des lois :* « Il y a des peuples qui se sont conduits avec
» tant de sagesse, qu'ils ont donné l'empire à des compagnies
» de négociants, qui, gouvernant les Etats éloignés unique-
» ment pour le négoce, ont fait une grande puissance acces-
» soire, sans embarrasser l'Etat principal. »

Quelles ressources immenses un Etat ne trouve-t-il pas dans ces sociétés de capitalistes qui dessèchent des marais, colonisent des pays éloignés, et portent partout la civilisa-tion, les idées, l'influence de la métropole, en augmentant sa prospérité intérieure par le commerce !

Les actions, qu'elles soient nominatives ou au porteur, sont cessibles à volonté, et la facilité de leur transmission en fait presque une monnaie dont la valeur hausse ou baisse suivant que les affaires de la société prospèrent ou périclitent. « Les
» fonds des compagnies seraient comme morts» disait Melon, dans ses Essais politiques sur le commerce, dans le temps que les vaisseaux les transportaient d'une partie du monde à l'autre, « si, par la représentation des actions sur la place, ils
» n'avaient une seconde valeur, réelle, circulante, libre, non
» exigible, et par conséquent non sujette aux inconvénients
» d'une monnaie de crédit, et en ayant néanmoins les pro-
» priétés essentielles. »

Mais à côté des avantages se trouve le danger ; le com-merce des actions peut donner lieu aux spéculations les plus effrénées, et devenir un moyen de fraude. Personne n'ignore quelle terrible leçon reçut la France, lors de la chute de la fameuse banque de Law, dont les actions avaient donné lieu à tant de spéculations, dont la rue Quincampoix fut le théâtre. D'Aguesseau, qui ne voyait que l'abus, écrivit alors son fameux mémoire sur le commerce des actions, dont je ne puis m'empêcher de citer le commencement, parce qu'il donne une idée de ce que fut la spéculation à cette époque :

« J'entends agiter si souvent le célèbre problème de la justice
» ou de l'injustice du commerce des actions de la compagnie
» des Indes, que je succombe enfin à la tentation de l'appro-
» fondir autant qu'il m'est possible. Le partage des casuistes,
» et les variations mêmes de ceux qui, après avoir commencé
» par approuver ce commerce comme innocent, ont fini par
». le condamner comme criminel, font assez sentir combien la
» question est délicate, soit par la nouveauté et la subtilité
» de la matière, ou peut-être encore plus parce qu'elle est
» du nombre de celles où le cœur fournit des sophismes à
» l'esprit. »

Après un examen long et approfondi, il conclut que le
commerce des actions de la compagnie des Indes roulait sur
un gain malhonnête, et qu'il n'engendrait que de fausses richesses. Cette conclusion est vraie, quand on envisage le
système de Law; mais, si on voulait la généraliser, on étouf-
ferait le crédit, qui joue à notre époque un si grand rôle.

Aujourd'hui nos économistes jugent autrement, et c'est
sur le commerce des actions que repose tout le système du
crédit moderne. La qualité essentielle qui constitue les richesses, dit quelque part Adam Smith, et sans laquelle elles
ne mériteraient pas ce nom, c'est la valeur échangeable. La
valeur échangeable diffère de la valeur en usage ou en utilité, en ce sens qu'avec la première on peut se procurer
toutes sortes de choses, tandis que la seconde, quoique utile,
ne saurait être l'objet d'un échange. En cela, il est d'accord
avec Melon, que nous avons cité plus haut.

Ce qui a fait la grandeur de Venise et des autres villes d'Italie est encore pour nous un fécond élément de prospérité. La
puissance de l'association ne connaît plus de bornes ; aussitôt qu'un obstacle se présente, une armée d'assiégeants ac-
court pour le lever ; on semble se jouer des résistances

même de la nature. Ici, un pont suspendu réunit deux montagnes ; plus loin, un merveilleux tunnel passe sous le lit d'un grand fleuve.

A peine la France était-elle remise de sa dernière révolution, que déjà des sociétés puissantes construisaient des chemins de fer et transformaient Marseille et son vieux port. Le commerce des actions est devenu plus considérable que jamais, et, à côté des opérations commerciales sérieuses, on a vu se placer des spéculations immorales. Les capitaux, attirés à la Bourse par l'appât d'un gain facile, ont cessé de servir au progrès de l'agriculture et de la véritable industrie.

Nous ferons donc deux parts dans les opérations de la Bourse, dont l'une comprendra ces transactions sérieuses que la loi doit avant tout protéger, et dont l'autre renfermera ces opérations fictives que le législateur doit atteindre de toutes les manières ; et pour tout résumer en un mot, je nommerai la première le commerce des actions, et la seconde le commerce sur les actions.

Le point est donc de savoir quelle sera la spéculation permise, quelle sera la spéculation défendue.

La spéculation permise est celle qui consiste en placements sérieux de capitaux dans des opérations industrielles, en actions dans des compagnies de commerce, dans le but d'obtenir un droit de partage proportionnel dans les bénéfices de la société, et de profiter de la plus-value que les actions peuvent acquérir par suite de la prospérité de la société. Le capitaliste qui place son argent dans des actions de société de chemin de fer, dans l'espoir de les revendre plus cher quelque temps après, ne me paraît pas faire une opération plus immorale que le laboureur qui achète un bœuf maigre dans l'espoir de l'engraisser et de gagner à la vente. Tous les deux spéculent en effet sur des valeurs réelles, susceptibles, il est vrai, d'augmentations ou de diminutions éventuelles, mais qui par elles-mêmes n'ont rien de fictif.

Mais, à côté de ces opérations, que le législateur doit non-seulement permettre, mais encore encourager, parce qu'elles ont pour effet de faire affluer les capitaux dans l'industrie, il est un genre d'opérations qu'il faut faire disparaître à tout prix : ce sont les opérations qui constituent plutôt des paris que de véritables achats d'actions. Dans ces sortes de transactions, on n'a pas en vue les bénéfices de la société sur les actions de laquelle on spécule, on n'attend pas l'augmentation réelle de la valeur des actions dans le but de revendre à bénéfice ; il arrive même le plus souvent qu'on n'achète aucune action, mais qu'on se contente de jouer sur la hausse ou sur la baisse, et toute l'opération se résout dans le payement d'une différence en plus ou en moins. Que ces opérations illicites se présentent sous la forme d'une vente à terme ou sous celle d'un simple pari, dédaignant même de se cacher sous le manteau d'un contrat permis, il n'en résulte pas moins que les actions des sociétés ne trouvent plus d'acheteurs sérieux, et que les capitaux se tiennent éloignés de l'industrie, au lieu de la protéger et de l'étendre ; l'argent se renferme dans la Bourse et s'y dévore lui-même.

Les spéculations de cette espèce ont lieu le plus souvent sur les actions ; mais qu'on n'aille pas croire que ce soit leur seul moyen de se produire ; le spéculateur trouvera son compte sur toute espèce de valeurs cotées, actions ou marchandises ; faites disparaître les actions, on jouera sur les différences de prix des alcools ou des savons.

Aujourd'hui la fureur de l'agiotage, restreinte il y a quelques années dans Paris, a pénétré partout. La France tout entière semble s'être enfermée dans la Bourse. Si encore ces opérations n'atteignaient que les fortunes, si grand que fût

le mal, peut-être y trouverait-on un remède; mais les capitaux ne souffrent pas seuls, et la moralité publique s'en
ressent. La furie industrielle de notre époque a perverti les
consciences, le sentiment du juste s'est altéré, et la démo-
ralisation a pénétré dans toutes les classes de la société.

Déjà une fois, en 1838, la fureur de l'agiotage s'était em-
parée des esprits, et les abus étaient devenus tels, qu'une loi
avait été présentée à la Chambre pour prohiber la division
par actions du capital des sociétés en commandite. Cette loi
avait pour but non-seulement de modérer l'agiotage, mais
encore d'expulser certaines fraudes qui se commettaient
plus particulièrement dans ces sortes de sociétés, et qui
avaient pour effet de ruiner les actionnaires. Le projet de loi
fut repoussé.

Les mêmes faits se sont reproduits depuis. La société en
commandite, telle qu'elle est organisée par le Code Nap., est
devenue, dans les mains de hardis fripons, un moyen de
fraudes et de vol. Alors le législateur s'est ému; il fallait un
remède à tant de maux. La loi du 17 juillet 1855 est venue
arrêter la fraude pratiquée dans la société en commandite,
ou du moins la rendre plus difficile; et le conseil d'État est
en ce moment saisi d'un projet de loi tendant à restreindre
l'abus de l'agiotage. Nous allons étudier d'abord la loi du
17 juillet, et examiner les diverses modifications qu'elle a
faites au Code de commerce; nous verrons ensuite si le
projet de loi dont nous venons de parler est de nature à
atteindre le but que le gouvernement se propose.

IX.

EXAMEN DE LA LOI DU 17 JUILLET 1855. — SON BUT.

Ne dolo malo lucretur.

La loi du 17 juillet 1855 n'a pas eu pour but d'arrêter la

6

spéculation, mais seulement de mettre un terme aux fraudes diverses qui s'abritaient sous le manteau trop complaisant de la société en commandite. L'exagération de l'apport social, la facilité de se défaire de titres négociables sans qu'il en restât aucune trace, l'impuissance des conseils de surveillance, la division du capital en actions ou fractions d'actions d'une faible valeur, la valeur de l'action rendue presque illusoire par la faculté de faire des versements minimes au moment de l'émission, le commencement des opérations de la société avant la réunion d'un capital assez considérable, quelquefois aussi le dol des gérants, qui simulaient des souscriptions d'actions pour s'emparer, en réalité, de la prime que les actions obtenaient à la Bourse, lorsqu'on avait été assez heureux pour s'emparer de la confiance du public, tels sont les abus que la loi du 17 juillet a eu pour but de faire cesser.

La première disposition de la loi a pour but d'empêcher l'émission d'actions ou de coupons d'actions d'une valeur trop minime.

On distingue plusieurs sortes d'actions ; elles sont, en effet, nominatives ou au porteur : sont nominatives, celles qui portent le nom de l'actionnaire ; sont qualifiées d'actions au porteur, celles qui ne portent aucun nom.

La propriété des actions nominatives se transmet par une déclaration de transfert inscrite sur les registres de la société, signée du cédant ou d'un fondé de pouvoir. Une notification n'est pas nécessaire pour saisir le cessionnaire à l'égard des tiers.

L'action à ordre est une espèce d'action nominative dont la propriété se transmet, comme celle de la lettre de change, par un acte inscrit au dos du titre, et qui porte le nom d'endossement.

La propriété des actions au porteur est transférée par la simple remise du titre.

Nous trouvons les actions nominales et les actions au porteur dans les sociétés anonymes et dans les sociétés en commandite. Les articles 34, 35, 36 du Code de commerce autorisent formellement la division du capital des sociétés anonymes en actions. Il s'en fallait de beaucoup que le Code de commerce fût aussi clair pour les sociétés en commandite. L'article 38, qui s'en occupe, est ainsi conçu : Le capital des sociétés en commandite pourra être aussi divisé en actions, sans aucune dérogation aux règles établies pour ce genre de société.

On admettait bien que le capital des sociétés en commandite pouvait être divisé en actions nominatives, mais, la loi ne s'étant pas expliquée formellement, on se demandait si elle autorisait également dans ces sociétés la création d'actions au porteur, et la question était vivement controversée. M. Pardessus, n° 1033, soutient la négative, et prétend qu'au moyen des actions au porteur, les associés pourraient toujours s'immiscer dans la gestion, puisque après la cession de leur action il ne resterait plus aucune trace de leur qualité de commanditaires.

On doit reconnaître, cependant, que la division en actions du capital des sociétés en commandite était passée dans la pratique, où elle a, il est vrai, donné lieu à quelques désordres; mais les avantages de cette espèce d'actions sont si grands, que la loi du 17 juillet n'a pas cru devoir les prohiber; l'art. 2 les autorise, et désormais le doute n'est plus permis. Elle a mis cependant au droit de créer des actions quelques conditions de nature à prévenir les fraudes.

Avant cette loi, la création d'actions n'était soumise à aucune condition; on négociait à la Bourse des actions d'une valeur minime de 20 fr. ou de 5 fr., par exemple, et dont le capital entier n'avait pas même été versé.

L'art. 1er prohibe le fractionnement des actions au-dessous

d'un certain taux : cent francs lorsque le capital de la société n'excède pas deux cent mille francs, et cinq cents francs lorsqu'il est supérieur à cette somme.

On s'est demandé si cette disposition de la loi du 17 juillet est applicable aux sociétés anonymes. Nous ne le pensons pas, parce que ce serait l'appliquer à un cas que le législateur n'a pas eu en vue, ce qui est toujours dangereux. La loi du 17 juillet ne doit s'appliquer qu'aux sociétés en commandite par actions; son titre seul l'indique. Si l'on en doute, qu'on lise le rapport de M. Langlais. Ce député, au nom de la commission chargée d'examiner le projet de loi, après avoir parlé des sociétés en nom collectif, en commandite, en participation, et des sociétés anonymes, disait :

« Le projet de loi soumis à vos délibérations s'est abstenu » avec sagesse de porter aucune atteinte à cette grande clas-» sification du contrat de société. Son unique objet, c'est la » société en commandite. »

Nous ne saurions donc admettre l'opinion de M. Eugène Paignon, qui, dans son Commentaire, pense que l'article 1er de notre loi est applicable aux sociétés anonymes. D'ailleurs l'ordonnance d'autorisation requise pour la création d'une société anonyme remplace la garantie spéciale de la loi du 17 juillet.

Le but de l'article premier, en restreignant la faculté de diviser le capital à l'extrême, est facile à saisir : la loi a voulu éloigner de la spéculation les petits capitaux, économies péniblement amassées, qui ne sont que trop disposés à se laisser surprendre par la séduction des annonces. Sous ce rapport, la loi est sage ; mais il semble qu'il aurait mieux valu ne pas établir deux chiffres différents, et s'en tenir au chiffre de cent francs pour toutes sortes de sociétés, quel que soit le capital social. Les grandes entreprises, telles que les chemins de fer, sont encore celles qui présentent le plus de garanties, le plus de chances de succès ; leur défendre l'émission d'actions ou de coupons d'actions de moins de cinq cents francs, c'est en éloigner les petits capitaux, qui y auraient trouvé un placement avantageux et sûr.

L'article 1er soumet en outre les sociétés en commandite, pour leur constitution définitive, à deux conditions :

1° La souscription de la totalité du capital social ;

2° Le versement par chaque actionnaire du quart au moins du montant de ses actions.

Les actions au porteur, dans les sociétés en commandite, avaient donné lieu à certains abus qui se présentaient surtout à la naissance de ces sociétés. En 1838, on n'avait trouvéqu'un moyen de faire disparaître la fraude, c'était la suppression des actions. « Quand les sauvages de la Louisiane veulent un fruit, dit Montesquieu, ils coupent l'arbre au pied. » Mieux avisé et plus sage, notre législateur a trouvé dans l'art. 2 un moyen ingénieux de conserver les actions au porteur tout en faisant disparaître la plupart des dangers auxquels leur existence donnait lieu, en décidant qu'elles sont nominatives jusqu'à leur entière libération. La transmission de l'action au porteur ne laisse après elle aucune trace ; elle ouvre une libre carrière au jeu et à l'agiotage. Que de souscripteurs courent après les actions nouvelles, qui attendent tout de la prime des actions, et rien du succès de la société ! Pressés de profiter de la prime, ils se hâtent de vendre, compromettant quelquefois par leur précipitation l'avenir de la société, en faisant baisser les actions par leur affluence momentanée à la Bourse. Leur commerce porte sur les titres, et non sur les actions, et il est d'autant plus dangereux, que ces sortes d'opérations n'apparaissent ordinairement qu'à l'origine des sociétés, lorsqu'elles ont le plus besoin d'actionnaires sérieux.

Il importait encore, à un autre point de vue, que les actions ne fussent au porteur qu'après leur entier acquittement. Il se trouvait des capitalistes assez peu scrupuleux pour patronner certaines sociétés mort-nées, dans le but de profiter sur-le-champ de la prime des actions qu'ils revendaient, laissant à leurs cessionnaires la ruine pour perspective. Une telle fraude ne sera plus possible, parce qu'on pourra craindre de ne pas pouvoir se débarrasser assez vite d'actions pour l'acquisition desquelles il faut aujourd'hui faire un versement complet.

L'action nominale, en rendant le souscripteur primitif responsable de la totalité du versement, met un terme à ces honteuses opérations qui ont pour résultat de ruiner le crédit.

Il n'est pas nécessaire absolument de verser en argent le montant de l'action; la libération peut avoir lieu par tous les moyens prévus par la loi (art. 1234 du Code Napoléon).

La création d'actions transmissibles par voie d'endossement n'a rien de contraire à l'art. 2, parce que ce sont là des actions nominales. L'endossement permet de connaître tous les propriétaires successifs de l'action, et les oblige tous solidairement au payement de la totalité de l'action. Elles tombent sous l'application de l'alinéa 2 de l'art. 3, que nous allons examiner maintenant.

Nous venons de voir à quelles conditions la loi permet la création d'actions au porteur; nous allons maintenant nous trouver en face d'un obstacle d'un nouveau genre : la défense de négocier les actions nominales tant que le versement des deux cinquièmes n'a pas été fait. C'est la reproduction des lois des 15 juillet 1845 et 10 juin 1855, relatives aux actions des chemins de fer. Si nous voulons connaître l'esprit de la nouvelle loi, nous n'avons qu'à voir de quelle manière on a entendu les deux lois précitées. Nous lisons dans l'exposé des motifs : « Ces lois n'ont jamais été entendues dans ce sens » que les actions fussent frappées d'une indisponibilité ab- » solue. Il a été au contraire expliqué et reconnu qu'une

» cession régulière par acte soit notarié, soit sous signature
» privée, qu'une donation dans les formes légales, que tous
» les autres modes autorisés par le droit civil, pourraient être
» mis en usage pour la transmission des titres non négo-
» ciables. La loi actuelle est conçue dans le même esprit; elle
» ne prohibe que la négociation. »

On entend ici par négociation la transmission commerciale, par exemple la négociation par voie d'endossement,
celle faite sur bulletins dans les coulisses de la Bourse, ou par
procuration en blanc, ou par tranfert sur les registres de la
société.

Quand les deux premiers cinquièmes sont versés, toute en-
trave disparaît; la négociation devient libre, l'action a grandi
sous l'aile de la loi, et désormais elle peut prendre son essor,
sans cesser toutefois d'être nominative.

Sous l'empire du Code de commerce, on s'était demandé
si l'actionnaire, encore débiteur d'une partie de sa mise,
pouvait, après la cession de son droit aux tiers, être pour-
suivi par la société pour le payement du complément de sa
mise, ou si la société ne devait pas se contenter du cessionnaire pour garant.

Dans une société où le capital n'aurait pas été divisé en actions, la question ne pouvait se présenter que dans le cas où
les statuts auraient donné aux associés le droit de se substituer des tiers; mais la division du capital en actions indique
suffisamment que les membres de la société ont plutôt voulu
former une association de capitaux qu'une association de
personnes, et, dans ce cas, nous savons que le cédant remplacé par le cessionnaire a cessé de faire partie de la société.

M. Troplong, n° 177, rendait le souscripteur primitif responsable du versement de la totalité de l'action; il disait:
D'après les principes du droit commun, le créancier n'est
pas obligé de changer de débiteur, et à moins qu'il n'y ait

eu novation par l'acceptation d'un nouveau débiteur à la place du premier, le débiteur primitif est toujours débiteur. On peut bien céder un droit, mais on ne peut céder sa dette sans le consentement des créanciers.

On répondait, d'un autre côté : Cette cession est faite du consentement de la société, puisqu'elle est faite en vertu d'un droit concédé à chaque actionnaire par les statuts de la société ; elle opère donc une véritable novation qui libère le souscripteur primitif vis-à-vis de la société (1).

L'art. 3 de la loi du 17 juillet 1855 est venu mettre fin à cette controverse, que la jurisprudence avait tranchée depuis longtemps dans le sens favorable à la société ; mais des clauses spéciales venaient presque toujours enlever à la société son droit d'action. Aujourd'hui, le souscripteur primitif est tenu du payement total de l'action, et la loi ne permet pas de se soustraire à cette responsabilité. Les actions étant nominatives jusqu'à leur entière libération, la société a de plus un recours contre chacun des cessionnaires successifs.

La loi du 17 juillet ne doit s'appliquer qu'aux sociétés en commandite ; nous l'avons déjà prouvé. La question de responsabilité, dont nous venons de nous occuper, reste donc entière pour les sociétés anonymes. La jurisprudence a sanctionné par ses arrêts le système de M. Troplong, et l'on admet généralement aujourd'hui que les souscripteurs peuvent être poursuivis, après cession de leur action, pour avoir à compléter le versement. Ce système est le seul qui puisse attacher aux sociétés commerciales des actionnaires sérieux, parce qu'elle ne permet pas à un souscripteur sur la solvabilité duquel la société a pu compter de céder sa place à un tiers insolvable en se déchargeant de toute responsabilité.

---

(1) Pardessus, *Cours de droit commercial*, n° 1013 2°.

Quand le capital entier a été versé entre les mains de la société, l'action, de nominative qu'elle était, se transforme en un titre au porteur dont la propriété est transmise par la remise. Les associés sont partout et nulle part, et restent inconnus même des administrateurs de la société. Cependant des assemblées d'actionnaires peuvent être exigées par les statuts; on peut avoir à délibérer sur des questions d'où dépend quelquefois l'avenir de la société. Un avis des gérants invite, dans ce cas, les actionnaires à déposer leurs titres au siège de la société et leur accorde un certain délai. Ce dépôt leur donne voix délibérative.

Les art. 6, 11 et 12 de la loi établissent contre ceux qui auront contrevenu à ses prescriptions des peines qui en sont la sanction légitime. Ces peines sont tantôt corporelles, tantôt pécuniaires. Nous remarquerons surtout l'art. 12, qui s'occupe plus spécialement de la négociation des actions; et la loi n'a pas cru devoir frapper seulement ceux qui auront cédé leurs actions, mais encore tous ceux qui auront participé à la négociation ou qui auront publié la valeur des actions.

X.

DU DROIT DE MUTATION PERÇU PAR L'ÉTAT.

Le droit des associés sur la chose sociale pendant la durée de la société prend le nom d'intérêt, de part, d'action, suivant la nature de la société. L'article 529 du Code Napoléon déclare meubles par la détermination de la loi les actions ou intérêts dans les compagnies de finance, de commerce ou d'industrie, encore que des immeubles dépendant de ces entreprises appartiennent aux compagnies. Ces actions ou intérêts sont réputés meubles à l'égard de chaque associé seulement tant que dure la société.

La quotité du droit perçu par l'Etat varie suivant la nature des actes qui transmettent la propriété de l'action ou de l'intérêt dans la société.

S'agit-il d'une transmission par donation entre-vifs ou par suite de décès, il y a assimilation complète entre les valeurs mobilières et les valeurs immobilières; le droit est le même. C'est la loi du 15 mars 1850, article 10, qui a assujetti les transmissions de biens meubles à titre gratuit entre-vifs et celles qui s'effectuent par décès, aux diverses quotités de droits établis pour les transmissions d'immeubles de même espèce.

S'agit-il, au contraire, des transmissions à titre onéreux, le droit est moindre, et a été fixé, par les articles 4 et 69 de la loi du 22 frimaire an VII, à cinquante centimes par cent francs. Ce chiffre a été longtemps contesté par la régie, qui a voulu tantôt percevoir le droit de vente immobilière lorsque la société possédait des immeubles, en soutenant que l'art. 529 ne déclarait meubles les actions des compagnies qu'à l'égard des associés, et non à l'égard des tiers, tantôt percevoir un droit de 2 1f2 pour cent. Ces divers systèmes ont été rejetés successivement par la Cour de cassation (1), et aujourd'hui le droit à percevoir par la régie reste définitivement fixé par l'art. 69 de la loi du 22 frimaire an VII.

La perception se fait sur le prix de la cession, et non sur la valeur nominale de l'action.

Ces principes ne sont applicables qu'à la cession d'intérêt et à la cession d'actions nominales. Les actions au porteur et les autres titres négociables ne sont assujettis à aucun droit de transmission par la loi de frimaire. Ainsi, sous l'empire de cette loi, une quantité innombrable de cessions d'actions n'avaient à supporter aucun droit de mutation. Une loi récente, celle du 5 juin 1850, les a assujetties à un droit qui a

(1) Arrêts 7 avril 1824 et 8 février 1837.

plutôt le caractère d'un impôt que celui d'un droit de mutation ; l'art. 14 dispose que :

Chaque titre ou certificat d'action dans une société, compagnie ou entreprise quelconque, financière, commerciale, industrielle ou civile, que l'action soit d'une somme fixe ou d'une quotité, qu'elle soit libérée ou non libérée, émis à partir du 1er janvier 1851, sera assujetti au timbre proportionnel de cinquante centimes par cent francs du capital nominal pour les sociétés dont la durée n'excédera pas dix ans, et de un pour cent pour les sociétés dont la durée dépassera dix années.

L'avance en doit être faite par les compagnies, auxquelles la loi accorde la faculté de s'affranchir de l'obligation imposée par l'article 14, en contractant avec l'État un abonnement pour toute la durée de la société. Dans ce cas, il est perçu par l'État un droit annuel de 5 centimes par cent francs (1).

Au moyen de la formalité de l'article 14, la cession de titres ou de certificats d'actions est affranchie de tout droit, de toute formalité d'enregistrement.

Telle est l'économie de la législation actuelle ; mais nous devons ajouter que le conseil d'État élabore en ce moment un projet de loi qui a pour but soit d'établir un impôt sur les valeurs mobilières, soit un droit de transmission, dans le but d'arrêter la spéculation, dont l'excès commence à devenir dangereux. Nous ne connaissons pas encore les dispositions de la nouvelle loi ; tout ce que nous pouvons dire, c'est qu'il nous semble qu'un impôt établi sur les valeurs mobilières n'attein-

_____

(1) Le projet de loi vient d'être publié ; le droit proportionnel, une fois payé, parait devoir être remplacé par un droit annuel et obligatoire de 15 cent. par 100 fr. du capital réel. Ce n'est plus là un droit de mutation, c'est un impôt nouveau qui est créé.

drait pas le but qu'on se propose. Que l'impôt soit perçu directement sur les dividendes, ou qu'il s'établisse comme droit de mutation, il n'arrêtera pas la spéculation, il ne l'atteindra même pas, parce que le plus souvent elle n'est suivie d'aucune transmission de propriété d'actions ; l'impôt aura seulement pour effet de diminuer la valeur des actions au préjudice des détenteurs actuels.

Etablir un droit de mutation sur les actions serait tout aussi dangereux ; ce serait éloigner les capitaux de l'industrie et des opérations financières, arrêter peut-être le développement du commerce. Un tel droit sera d'ailleurs toujours difficile à percevoir, pour ne pas dire impossible, pour les actions au porteur par exemple. Nous pensons donc que l'on doit s'en tenir à la loi de 1850, et qu'il ne faut pas s'exposer, dans un but purement fiscal, à tarir ou à diminuer la source de la prospérité publique. Si l'on veut prendre contre la spéculation, contre l'agio, des mesures sérieuses, ce n'est pas un impôt qu'il faut établir, c'est plutôt la prohibition de ces marchés à terme, qui sont le pivot de l'agiotage.

PROPOSITIONS.

DROIT ROMAIN.

I. L'achat en commun d'un immeuble produit-il un contrat de société entre les acquéreurs? — Il faut distinguer.

II. Si deux associés ont proposé l'esclave d'un autre associé, celui-ci sera-t-il tenu comme eux *in solidum* ? — Il n'est tenu que pour sa part, et peut néanmoins être forcé à payer aux créanciers plus que sa part par l'action *de peculio*.

III. Quand les parts des associés n'ont pas été fixées par la convention, elles doivent être égales; mais il s'agit ici d'une égalité absolue, et non pas d'une égalité proportionnelle à la merci de chacun.

IV. Les créanciers d'un associé qui a traité en son nom personnel peuvent-ils atteindre la société par l'action *de in rem verso?* — Non.

DROIT CIVIL.

I. Les personnes de mainmorte ont-elles besoin d'autorisation pour recevoir des donations de la main à la main? — Oui.

II. Les père et mère naturels ont-ils droit à la réserve? — Oui.

III. Si les frères et sœurs qu'a laissés le *de cujus* renoncent à sa succession, les ascendants ont-ils alors droit à une réserve? — Oui.

IV. En serait-il de même en présence d'un légataire universel? — Non.

DROIT COMMERCIAL.

I. Le commanditaire peut-il être contraint au rapport des

bénéfices qu'il a touchés sans fraude pendant la durée de la société? — Non.

II. La participation d'un commis aux bénéfices de la maison de commerce à laquelle il est attaché en fait-elle nécessairement un associé? — Non.

III. Y a-t-il détournement de l'actif social dans la clause des statuts de la société qui attribue à chaque associé le payement des intérêts de sa mise dès le jour du versement, avant que l'entreprise ait réalisé aucun bénéfice! — Non.

IV. Faudrait-il décider de même si le payement des intérêts n'avait pas été stipulé dans l'acte de société? — Non.

DROIT PÉNAL.

I. Lorsque l'extradition a été demandée et obtenue, le prévenu traduit devant les tribunaux français peut-il élever des exceptions fondées soit sur l'illégalité de l'acte qui l'a livré, soit sur les termes restrictifs ou conditionnels de cet acte? — Oui.

II. Quel peut être l'effet de ces exceptions?

III. La Cour d'assises est-elle compétente pour statuer sur ces fins de non-recevoir? — Non.

DROIT ADMINISTRATIF.

I. Les mines non concédées sont-elles domaniales? — Non.

II. Qui doit régler l'indemnité en cas de préjudice permanent causé par suite des travaux d'utilité publique? est-ce le jury, ou le conseil de préfecture? — C'est le jury.

III. La redevance due sous le nom de tréfonds au propriétaire du sol dans lequel existe une mine est-elle toujours un droit immobilier? — Non.

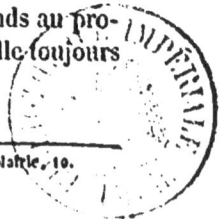

Poitiers. — Typ. de A. Dupré, rue de la Maître, 10.

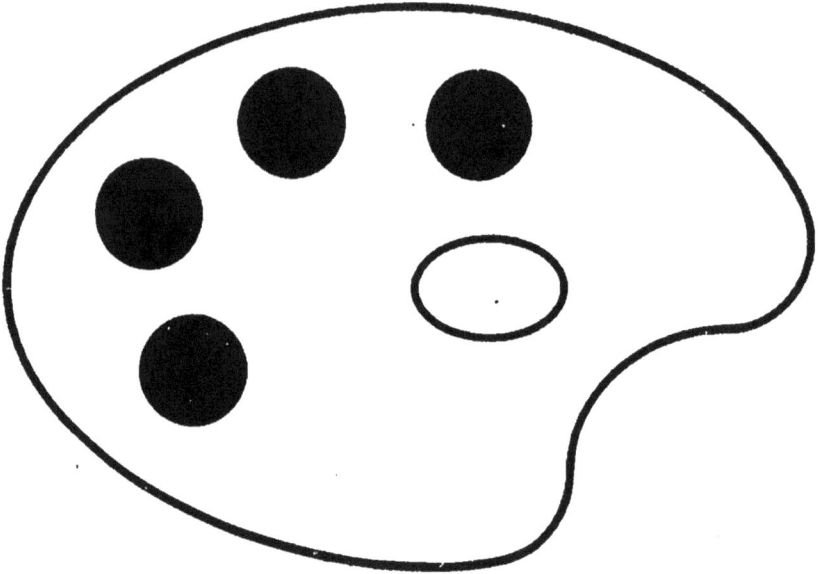

Original en couleur
NF Z 43-120-8

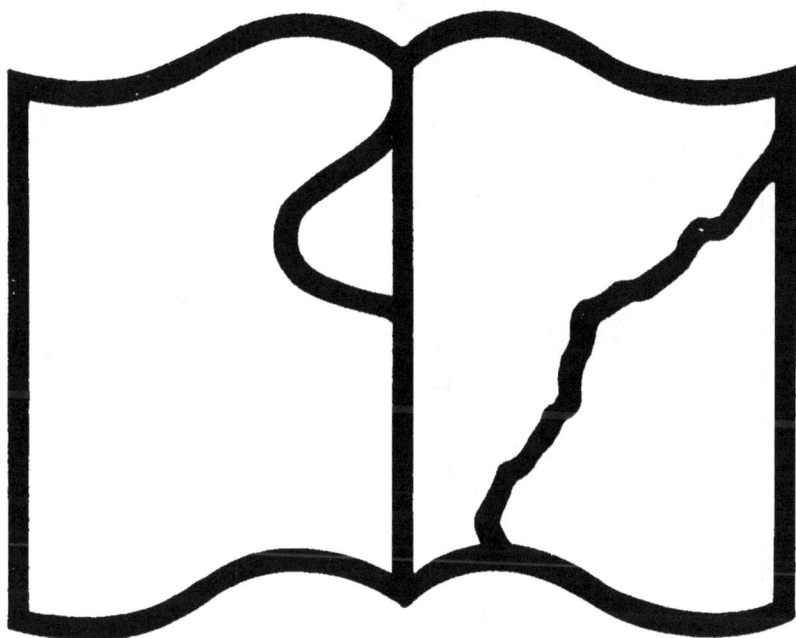

Texte détérioré — reliure défectueuse

NF Z 43-120-11

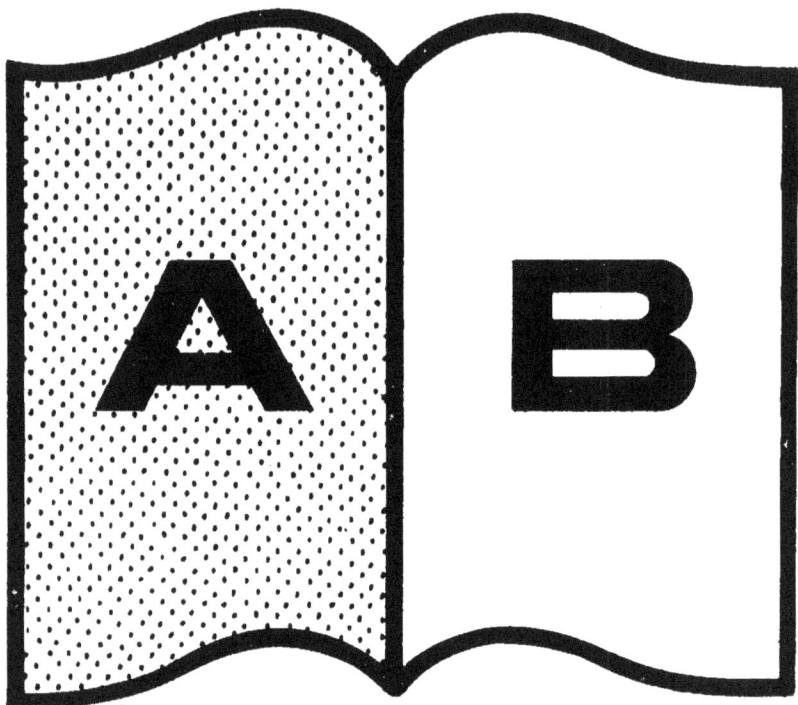

Contraste insuffisant

NF Z 43-120-14

www.ingramcontent.com/pod-product-compliance
Lightning Source LLC
Chambersburg PA
CBHW071523200326
41519CB00019B/6050